GESTÃO HÍBRIDA DE PROJETOS
CASOS PRÁTICOS EM DIFERENTES CONTEXTOS E CENÁRIOS

O GEN | Grupo Editorial Nacional – maior plataforma editorial brasileira no segmento científico, técnico e profissional – publica conteúdos nas áreas de ciências exatas, humanas, jurídicas, da saúde e sociais aplicadas, além de prover serviços direcionados à educação continuada e à preparação para concursos.

As editoras que integram o GEN, das mais respeitadas no mercado editorial, construíram catálogos inigualáveis, com obras decisivas para a formação acadêmica e o aperfeiçoamento de várias gerações de profissionais e estudantes, tendo se tornado sinônimo de qualidade e seriedade.

A missão do GEN e dos núcleos de conteúdo que o compõem é prover a melhor informação científica e distribuí-la de maneira flexível e conveniente, a preços justos, gerando benefícios e servindo a autores, docentes, livreiros, funcionários, colaboradores e acionistas.

Nosso comportamento ético incondicional e nossa responsabilidade social e ambiental são reforçados pela natureza educacional de nossa atividade e dão sustentabilidade ao crescimento contínuo e à rentabilidade do grupo.

ANTONIO **SANTOS** | ANALIA **IRIGOYEN** | ALEXANDRE **CARAMELO**

ORGANIZAÇÃO E CURADORIA

GESTÃO HÍBRIDA DE PROJETOS
CASOS PRÁTICOS EM DIFERENTES CONTEXTOS E CENÁRIOS

- Os organizadores e curadores deste livro e a editora empenharam seus melhores esforços para assegurar que as informações e os procedimentos apresentados no texto estejam em acordo com os padrões aceitos à época da publicação, *e todos os dados foram atualizados pelos organizadores e curadores até a data de fechamento do livro.* Entretanto, tendo em conta a evolução das ciências, as atualizações legislativas, as mudanças regulamentares governamentais e o constante fluxo de novas informações sobre os temas que constam do livro, recomendamos enfaticamente que os leitores consultem sempre outras fontes fidedignas, de modo a se certificarem de que as informações contidas no texto estão corretas e de que não houve alterações nas recomendações ou na legislação regulamentadora.

- Data do fechamento do livro: 03/08/2023

- Os organizadores e curadores e a editora se empenharam para citar adequadamente e dar o devido crédito a todos os detentores de direitos autorais de qualquer material utilizado neste livro, dispondo-se a possíveis acertos posteriores caso, inadvertida e involuntariamente, a identificação de algum deles tenha sido omitida.

- Atendimento ao cliente: (11) 5080-0751 | faleconosco@grupogen.com.br

- Direitos exclusivos para a língua portuguesa
  Copyright © 2023 by
  LTC | Livros Técnicos e Científicos Editora Ltda.
  Uma editora integrante do GEN | Grupo Editorial Nacional
  Travessa do Ouvidor, 11
  Rio de Janeiro – RJ – 20040-040
  www.grupogen.com.br

- Reservados todos os direitos. É proibida a duplicação ou reprodução deste volume, no todo ou em parte, em quaisquer formas ou por quaisquer meios (eletrônico, mecânico, gravação, fotocópia, distribuição pela Internet ou outros), sem permissão, por escrito, da LTC | Livros Técnicos e Científicos Editora Ltda.

- Capa: Leonidas Leite

- Imagem de capa: © iStockphoto | Lacheev

- Revisores e Editores do *layout* e *design* da obra e capa PMI: Eduardo L. Batista e Lucas Gappo

- Editoração eletrônica: Padovan Serviços Gráficos e Editoriais

- Ficha catalográfica

CIP-BRASIL. CATALOGAÇÃO NA PUBLICAÇÃO
SINDICATO NACIONAL DOS EDITORES DE LIVROS, RJ

G333

Gestão híbrida de projetos : casos práticos em diferentes contextos e cenários / organização e curadoria Antonio Santos, Analia Irigoyen, Alexandre Caramelo. - 1. ed. - Rio de Janeiro : LTC, 2023.

Inclui bibliografia e índice
ISBN 978-85-216-3867-4

1. Administração de projetos - Estudo de casos. I. Santos, Antonio. II. Irigoyen, Analia. III. Caramelo, Alexandre.

23-84228
CDD: 658.404
CDU: 005.8

Meri Gleice Rodrigues de Souza - Bibliotecária - CRB-7/6439

APRESENTAÇÃO – PMI

O Project Management Institute (PMI) é uma associação de profissionais de gerenciamento de projetos com alcance mundial, cujo principal objetivo é a divulgação de boas práticas na área.

O PMI sempre olha para o futuro da sociedade e norteia-se por três princípios que visam ao seu crescimento: (1) trabalha iniciativas regionais com vistas à ampliação de seu alcance junto às pessoas que são agentes de mudança; (2) capacita pessoas para que gerem impacto social onde vivem; e (3) cria relações duradouras com ações consistentes. Esses princípios promovem ações que, diante da comunidade de gerenciamento de projetos, têm ajudado profissionais, no mundo todo, a implementar mudanças e, de forma sustentável, gerar resultados melhores para seus negócios, para a comunidade em que estão incluídos e para a sociedade em geral.

A visão do PMI para os próximos anos está fundamentada na crença de que quanto mais serviços puderem ser oferecidos, maior será o crescimento da comunidade de gerenciamento de projetos. O resultado de uma grande comunidade se vê nos benefícios que são gerados para a sociedade como um todo. Além disso, o PMI também acredita que os profissionais de gerenciamento de projetos precisam, cada vez mais, de um conjunto de conhecimentos técnicos que possam atender às demandas contínuas e inovadoras dos projetos em geral. O PMI, compreendido como um celeiro de conhecimentos, consegue deixar os profissionais atualizados e, consequentemente, prontos para que entreguem valor para as empresas em que atuam.

A presente obra é uma iniciativa do PMI-RIO, capítulo do PMI localizado na cidade do Rio de Janeiro. É um trabalho inédito e nós, do PMI-RIO, estamos certos de que agrega muito valor para a comunidade de profissionais em gerenciamento de projetos de todo o mundo e está profundamente alinhado com a visão estratégica do PMI Global.

PREFÁCIO

Inspirados pelo posicionamento estratégico e pela evolução constante do Project Management Institute (PMI), especialmente a partir de alguns de seus principais produtos, como o novo PMBOK® – 7ª edição e a nova trilha de certificações do *Disciplined Agile*® (DA™), a Diretoria de Publicações do PMI-RIO, em parceria com a LTC Editora, lança o livro cooperativo e digital *Gestão Híbrida de Projetos – Casos Práticos em Diferentes Contextos e Cenários*, escrito por seus voluntários especialistas.

O tema deste livro, da série CloudBooks do PMI-RIO, tem o propósito de estimular o estudo e o debate, de modo a colaborar para a consolidação de práticas cada vez mais necessárias, tendo em vista a efetiva entrega de valor em ambientes adaptativos e híbridos, materializados por contextos cada vez mais dinâmicos, ambíguos, complexos e emergentes nas organizações do século XXI.

Com esta obra, objetivamos o aumento do engajamento e do impacto por meio do aprendizado e da troca na comunidade em seus diferentes estágios de formação profissional, além do compartilhamento de novos conhecimentos e experiências. Está inclusa a formação nos cursos de graduação e pós-graduação, e em todo o espectro de aplicações na economia de projetos, seja desenvolvendo um novo aplicativo, construindo uma ponte, projetando um navio, trabalhando no agronegócio inteligente, desenvolvendo um novo medicamento ou uma nova tecnologia de inteligência artificial.

Todos esses engajados participantes da comunidade são agentes da mudança em suas respectivas jornadas como estudantes, profissionais juniores, plenos e seniores, ou, ainda, executivos da alta e média gerências nas diversas organizações que se transformam com a meta de encantar seus clientes.

Ao mesmo tempo em que o DA™ materializava como princípios temas como "deixe o seu time escolher a sua forma de trabalho (*Way of Working*)", "seja pragmático", "o contexto e a organização importam" (adapte), "sejamos incríveis" ou "otimize o fluxo e encante seus clientes", esse grupo de profissionais coautores já vinha coletando experiências inspiradas em valores e princípios ágeis, nos quais tínhamos um objetivo em comum: alcançar as metas (intermediárias ou finais) dos projetos que estávamos envolvidos, com o intuito de seguir à risca uma metodologia preditiva e/ou ágil mesmo sem o contexto favorável ou adequado.

A composição de boas práticas, intitulada *Choose your WoW* pelos idealizadores do DA™, foi o que nos pareceu mais adequado diante do contexto, da equipe, das ferramentas e dos desafios que tínhamos. Resolvemos compartilhar nossas experiências sem a intenção de ensinar agilidade, métodos preditivos ou transformar nosso "*mix* de boas práticas" em novas abordagens ou nomenclaturas, muito menos ensinar os gerentes a fazerem o que sabem. Nosso principal objetivo é abrir um canal para a troca de conhecimentos, de erros e acertos, onde não haja donos da verdade, e sim times e profissionais inclusivos que foram pragmáticos dentro de um cenário único e escolheram sua forma de trabalhar, coletaram resultados e muitas lições aprendidas, incluindo práticas que não foram as mais acertadas.

Este livro "vivo" tem espaço para críticas, sugestões, evoluções, "eu teria feito diferente", "comigo não deu certo", com o objetivo principal de evoluirmos como pessoas e profissionalmente com a inteligência coletiva, na qual cada um faz parte do todo e o todo somos nós, como em um quebra-cabeça – com muito respeito, valorização do profissional e muita vontade de compartilhar e aprender.

Se você está nessa vibração, faça parte dessa jornada do conhecimento, contribuindo com qual foi sua forma de trabalhar (WoW) para que outros possam aprender, e aprendendo com quem separa uma parcela do seu tempo para compartilhar.

Dedicamos esta obra a toda comunidade de profissionais agentes da mudança, aos nossos voluntários e clientes, aos nossos parceiros e, em especial, à LTC Editora, a quem agradecemos o reconhecimento da paixão e dedicação com que este título foi concebido, estruturado, desenvolvido e entregue.

Lançado em 2023, este livro surge em momento de consolidação do ambiente híbrido e de grande relevância para o futuro da agilidade em negócios, projetos, programas e portfólios em organizações adaptativas e aprendizes que, por estarem em constante transformação, estão atentas ao contexto, buscando escolher seu caminho com foco na entrega de valor a todas as partes interessadas.

Esperamos por todos os leitores na continuidade desta jornada, que não termina com o lançamento desta obra, pois nosso livro será vivo, cooperativo e com vistas a integrar vocês!

Os Organizadores e Curadores

APRESENTAÇÃO – SCOTT E MARK

Scott: Pediram que nós escrevêssemos a Apresentação deste excelente livro, *Gestão Híbrida de Projetos*.

Mark: Sim, esta é uma excelente leitura, que provê aos gerentes modernos dicas importantíssimas. Com qual abordagem você quer escrever este prefácio?

Scott: Nós usamos a estratégia do *chat on-line* no passado e funcionou muito bem. Acho que devemos fazer dessa forma novamente.

Mark: Não acha que as pessoas vão notar que nós sempre usamos essa abordagem?

Scott: Não, se não falarmos para elas.

Mark: Hum... Claro. De qualquer forma, o que soou comovente para você, quero dizer, algo que faria alguém querer ler este livro?

Scott: Eu gostei, particularmente, do capítulo que resumiu o Lean, incluindo sua história e o panorama de seus conceitos-chave. É realmente difícil encontrar um panorama tão conciso sobre esse tópico, que é tão importante para os gerentes entenderem e seguirem.

Mark: Esse é um excelente capítulo, mas me surpreende que você não tenha mencionado o trabalho deles sobre *Disciplined Agile*® (DA™)! O DA™ é um conjunto de ferramentas que provê as equipes com as peças fundamentais para definir sua forma de trabalho (do inglês *Way of Working* – WoW) e uma mentalidade, ou forma de pensar (do inglês *Way of Thinking* – WoT), para a agilidade empresarial. Mais importante, o DA™ é o único conjunto híbrido de ferramentas que encontramos por aí, colocando centenas de estratégias tradicionais, ágeis, Lean, entre outras, em contexto. Qualquer um interessado em Gestão Híbrida, em identificar as melhores abordagens para os problemas que encontra, deve entender o conjunto de ferramentas DA™ do PMI.

Scott: Exatamente! O DA™ provê os conceitos fundamentais para a abordagem híbrida em uma gestão, tema deste livro. Com a Gestão Híbrida, o melhor pode ser aproveitado de outras abordagens, aplicando aquelas que servem mais adequadamente no seu contexto. Esse é o motivo pelo qual o DA™ e a Gestão Híbrida se completam tão bem. Foi ótimo ver como o DA™ é aplicado ao longo do livro.

Mark: Eu realmente gostei dos exemplos apresentados no livro, em que a Gestão Híbrida foi usada para resolver problemas complicados. Ao invés de apresentar a Gestão Híbrida como uma metodologia ágil fraca, vemos que, na prática, ela provê a melhor abordagem disponível na maioria das situações.

Scott: É sobre realizar o trabalho, não sobre ser ágil, ser *lean* ou estar em conformidade com uma metodologia pré-determinada. É sobre os resultados que você alcança, não sobre os processos que você segue.

Mark: Um aspecto-chave da Gestão Híbrida é a possibilidade de escolher a forma de trabalho correta para a situação em questão, e evoluir essa forma de trabalho conforme a evolução da situação.

Scott: Eu não poderia dizer isso de uma melhor forma. Equipes que afirmam estar seguindo estratégias ágeis quase sempre estão seguindo uma abordagem híbrida quando paramos para analisar o que elas estão fazendo na prática. Se os praticantes ágeis estão dispostos a compreender isso, ou são capazes de fazê-lo, é outra questão. Também diria o mesmo de qualquer equipe seguindo aquilo que eles afirmam ser uma abordagem "preditiva", pois, na maioria das vezes, existe alguma forma de trabalho ágil nessa abordagem também. Híbrido é o padrão se você quiser ser bem-sucedido, e é ótimo ver que isso está começando a ser reconhecido.

Mark: Concordo. Esse era um assunto subjacente à filosofia DA™ desde o início. Para ser bem-sucedido, é desejável que você adote as melhores estratégias para a sua situação, e quase sempre isso o levará a uma abordagem híbrida. E a abordagem híbrida necessita de uma Gestão Híbrida.

Scott: E este é o motivo pelo qual você deve ler este livro.

Mark: Exatamente!

Scott Ambler e *Mark Lines*
Ex-Vice-presidentes do Project Management Institute (PMI)
Cocriadores, *Disciplined Agile Toolkit*, PMI
Novembro de 2022

SOBRE OS AUTORES

Alexandre Caramelo

Executivo de tecnologia, inovação e projetos com mais de 25 anos de experiência atuando na América Latina, Europa e Ásia. Coordenador executivo e professor da Fundação Getulio Vargas (FGV), com mestrado em Engenharia e Gestão da Inovação pela Universidade Federal do ABC (UFABC) e MBA Executivo Internacional pela FGV e Universidade da Califórnia (UCI – Irvine, EUA).

LinkedIn: https://www.linkedin.com/in/profalexandrecaramelo/

Ana de Paula

Graduada em Engenharia de Produção com ênfase em Mecânica pela Universidade do Estado do Rio de Janeiro (UERJ) e mestre em Modelagem Computacional para Ciências e Tecnologia pela Universidade Federal Fluminense (UFF). Com estágio pela Prefeitura Municipal de Barra do Piraí, trabalhou pela Companhia Brasileira de Infraestrutura e Serviços e voluntariado para o *app* CovidZero e no Project Management Institute (PMI).

LinkedIn: https://www.linkedin.com/in/anacarolinadepaula1994

Analia Irigoyen

Sócia-fundadora da ProMove Soluções (www.promovesolucoes.com), mestre em Engenharia de Sistemas e Computação pela Universidade Federal do Rio de Janeiro (UFRJ). Apaixonada por melhoria contínua, aprendizado contínuo e pessoas.

LinkedIn: https://www.linkedin.com/in/analiairigoyen/

Antonio Santos

Conselheiro consultivo, executivo, consultor e professor nas áreas de energia, tecnologia, inovação, governança corporativa, transformação organizacional, transição energética, gestão de novos negócios, produtos, projetos, programas e portfólios, com 39 anos de experiência no mercado global de petróleo e gás. Diretor no PMI, com certificações Disciplined Agile Senior Scrum Master DASSM e Citizen Development Business Architect, ambos pelo PMI, e Prince2 Practitioner pelo Axelos. Engenheiro graduado pelo Instituto Militar de Engenharia (IME), doutor em Ciências e Sistemas Computacionais pelo Instituto Alberto Luiz Coimbra de Pós-graduação e Pesquisa de Engenharia da Universidade Federal do Rio de Janeiro (Coppe/UFRJ), com MBA pela Universidade de São Paulo (USP) e pelo Instituto Europeu de Administração de Empresas (INSEAD – França/Singapura).

LinkedIn: https://www.linkedin.com/in/aluizfsantos/

Carla Barros

Profissional com 14 anos de experiência em gestão de projetos e 4 anos em Gestão de Programas. Certificada como PMP, PMI-ACP e DASSM. Atua como mentora, consultora e formadora em gestão de projetos preditivos, ágeis e híbridos.

LinkedIn: https://www.linkedin.com/in/carla-barros-moacho/

Edvaldo Lourenço

Gerente de projetos e Scrum *Master*, com mais de 30 anos de experiência profissional em empresas de diferentes portes e segmentos, principalmente em consultorias. Graduado em Sistemas de Informação pela Pontifícia Universidade Católica de Campinas (PUC-Campinas) e certificado em Scrum Fundamentals Certified (SFC) e Project Management Professional (PMP®). Adora trocar experiências e conhecimentos, jardinagem e o convívio com a família e amigos.

LinkedIn: https://www.linkedin.com/in/edvaldo-lourenço

Elizete Pedroza

Graduada em Pedagogia pelo Centro Universitário da Cidade do Rio de Janeiro (UniverCidade), possui MBA em Gestão de Projetos com abordagem em sustentabilidade na gestão escolar pela Universidade de São Paulo (USP). Voluntária do PMI desde 2020, tem adquirido novos conhecimentos e novas habilidades para o trabalho em equipe. Gosta de estudar e prioriza momentos na natureza, em família e entre amigos.

LinkedIn: https://www.linkedin.com/in/raimunda-elizete-pedroza/

Sobre os Autores

Fábio Camacho

Gerente de projetos com certificação PMP, focado em desenvolvimento e gestão de produtos e serviços digitais, liderando projetos estratégicos em diversos países. Desde 2009, ocupa cargos de gestão, tendo 20 anos de experiência em empresas de diferentes portes e segmentos.

LinkedIn: https://www.linkedin.com/in/fabio-camacho-90035528/

Gabriel Falconieri

Mestre em Engenharia de *Software* com foco em desenvolvimento e gerenciamento de projetos de digitalização. Trabalha há 13 anos com gerenciamento de projetos tradicionais, ágeis e híbridos. Atualmente, é gerente de Digitalização na Siemens Energy.

LinkedIn: https://www.linkedin.com/in/gabriel-falconieri-77705567/

Guilherme Páscoa

Especialista em gerenciamento de projetos, atua em projetos complexos e transformacionais utilizando suas diversas metodologias. Sempre disposto a aprender, compartilhar conhecimento e experiência sobre este tema.

LinkedIn: https://www.linkedin.com/in/guilherme-p%C3%A1scoa-pmp-csm-36831a43/

João Sousa

Profissional com atuação em diversos segmentos, tendo participado da criação de soluções sistêmicas que geram valor de negócio e da sustentação de produtos e serviços com foco em eficácia, aprendizado contínuo, eficiência das soluções e fortalecimento das equipes.

LinkedIn: https://www.linkedin.com/in/joao-manoel-sousa/

Júnior Rodrigues

Head de Agilidade e Operações na iLAB, diretor executivo na Gespro, *Head* de Agilidade da Jornada Colaborativa, fundador do ConAgile, professor e coordenador de MBAs e mestrado, ATP na Certiprof, MSc pela Pontifícia Universidade Católica do Rio de Janeiro (PUC-Rio), autor, mentor, palestrante e facilitador.

LinkedIn: https://www.linkedin.com/in/rodriguesjunior/

Lucas Furtado

Gestor de Produtos e Inovação, atua em uma multinacional do agronegócio. Certificado PMP pelo PMI, graduado em Gestão de Tecnologia da Informação com MBA em Gerenciamento de Projetos pela Universidade Cruzeiro do Sul. Gerente de Produtos e Portifólio no PMI-RIO, atuando diretamente na *squad* de gestão da Diretoria de Publicações.

LinkedIn: https://www.linkedin.com/in/lucasrodrigofurtado/

Luciano Sales

Engenheiro de Computação pelo Instituto Militar de Engenharia (IME), doutor em Sistemas Mecatrônicos pela Universidade de Brasília (UnB), mestre em Gestão da Tecnologia da Informação pela Universidade Católica de Brasília (UCB), com MBA em Gestão Empresarial pela Fundação Getulio Vargas (FGV). Certificado PgMP, PMP, PMI-ACP e DASSM pelo PMI. Conta com 20 anos de experiência com projetos e programas. Eleito Gerente de Projeto do Ano 2015 pela revista *MundoPM*.

LinkedIn: https://www.linkedin.com/in/lucianosales-pmp/

Marília Neumann

Graduada em Engenharia de Produção pela Universidade Tecnológica Federal do Paraná (UTFPR), pós-graduada em Gestão de Projetos pela Escola Superior de Agricultura Luiz de Queiroz da Universidade de São Paulo (Esalq/USP). Autora de capítulo do livro *Tópicos em Ergonomia e Segurança do Trabalho*. Conta com artigos de gestão e engenharia de produção publicados e apresentados em congressos regionais, nacionais e internacionais. Tem experiência profissional como analista de processos, com ênfase em tecnologia RPA. Apaixonada por metodologias Lean, sempre buscando a melhoria contínua como filosofia.

LinkedIn: https://www.linkedin.com/in/mar%C3%ADlia-neumann-couto-607882108/

Roberto Blanco

Desenvolve *software* há mais de 30 anos para empresas privadas e públicas. Graduado em Informática pela UERJ, com pós-graduação em Gestão de Projetos pela Escola Politécnica da UFRJ. Transita em diversas oportunidades entre os modelos de gestão tradicional e ágil.

LinkedIn: https://www.linkedin.com/in/roberto-rodriguez-3a0675155/

SOBRE OS REVISORES E EDITORES PMI

Eduardo L. Batista

Licenciado em Letras Português/Inglês pela Universidade Federal Fluminense (UFF) e pós-graduando em Escrita Criativa pelo Núcleo de Estratégias e Políticas Editoriais (NESPE). Desde 2018, atua na área de Revisão e Edição de Textos e procura aprimorar seus conhecimentos com cursos relacionados à área textual. Também atua voluntariamente como monitor na escola de Ikebana Sanguetsu, ligada à Fundação Mokiti Okada (FMO) e é gerente de Editoração e Publicação no CEPub-PMI-RIO.

LinkedIn: https://www.linkedin.com/in/eduardo-de-lima-batista

Lucas Gappo

Engenheiro eletricista e metrologista na área de luminotécnica, com experiência em análise de qualidade de energia e sistema de gestão da qualidade em laboratório de ensaios. Graduado em Engenharia e mestrando no Programa de Pós-graduação em Engenharia Elétrica e de Telecomunicações, ambos pela UFF, com foco em análise de qualidade de energia elétrica.

LinkedIn: https://www.linkedin.com/in/lucas-gappo-ferreira-da-silva-867631182/

SUMÁRIO

Parte I – Histórico da Gestão e sua Evolução 1

    Capítulo 1 – Histórico da Gestão (*Fábio Camacho*) 3

        Gestão 1.0 (*Management 1.0*) 3
        Gestão 2.0 (*Management 2.0*) 4
        Gestão 3.0 (*Management 3.0*) 4
        Gestão 4.0 (*Management 4.0*) 4
        Ágil é uma metodologia ou uma abordagem? 5

            Origem da Agilidade (*Ana de Paula e Carla Barros*) 6

Parte II – Gestão Ágil: Uma Nova Era? 9

    Capítulo 2 – Manifesto Ágil e Scrum (*Júnior Rodrigues*) 11

    Capítulo 3 – *Extreme Programming* (XP) (*Analia Irigoyen*) 15

        Comunicação 15
        Simplicidade 15
        Feedback 16
        Coragem 16

    Capítulo 4 – Método Kanban (*Analia Irigoyen, Elizete Pedroza e Lucas Furtado*) 19

        Papéis e princípios do Kanban 19
        Fluxo do Kanban 20
        WIP, *Lead Time* e Tempo de Ciclo 20
        Políticas e regras de fluxo 21
        Cadências e gestão do fluxo 22
        Classes de serviços 24

Melhoria contínua 25

SCRUMBAN 25

Capítulo 5 – *DevOps (Analia Irigoyen)* **27**

Princípio das Três Maneiras 28

Primeira Maneira – fluxo... 28

Segunda Maneira – *feedback* rápido 29

Terceira Maneira – aprendizado 30

Capítulo 6 – Lean (*Marília Neumann, Analia Irigoyen e Lucas Furtado*)...... **33**

Três Ms.. 34

Ferramentas.. 34

Lean fora do chão de fábrica.. 35

Conceitos do Lean em serviços e na tecnologia 36

1 – Eliminar perda (desperdícios)................................ 36

2 – Construir com qualidade desde o início do fluxo........... 37

3 – Promover/criar conhecimento............................... 38

4 – Adiar o compromisso 38

5 – Entregar rapidamente 39

6 – Respeitar pessoas 40

7 – Otimizar o todo... 41

Capítulo 7 – Scrum de Scrums (*Guilherme Páscoa*)............... **43**

Crescimento em escala 43

Scrum de Scrums... 44

Ciclo dos Scrum *Masters* – coordenando o "como" fazer 46

Scrum de Scrums *Master*... 46

Executive Action Team 46

Ciclo dos *Product Owners* – coordenando "o quê" fazer......... 47

Time de *Product Owner*.. 47

Chefe dos *Product Owner* 48

Executive MetaScrum... 48

Conectando os ciclos 48

Planejamento das entregas 49

Feedbacks de produto e versão 49

Métricas e transparência... 49

Conclusão.. 50

Capítulo 8 – *Scaled Agile Framework (Júnior Rodrigues)*...... **51**

Conclusão.. 53

Sumário

Capítulo 9 – LeSS (*Analia Irigoyen*) **55**

Princípios 55

O que muda quando escalamos o Scrum com LeSS? 57

Conclusão 59

Parte III – Principais Conceitos de Gestão Híbrida **61**

Capítulo 10 – Onde Estamos e Por Que Gestão Híbrida? (*Alexandre Caramelo, Luciano Sales, João Sousa, Roberto Blanco e Antonio Santos*) **63**

Capítulo 11 – *Disciplined Agile*® (DA™) (*Carla Barros e Antonio Santos*) **67**

Importância de valores, princípios e cultura e da adaptação na agilidade 67

O que é *Disciplined Agile*® e o que ele propõe? 70

Relação entre DA™ e *mindset* ágil 70

Estrutura do DA™ e o que ela veio contribuir para o *mindset* ágil 73

Poder de escolha dos times no DA™ e sua importância para a adaptação do *Agile* 76

Ciclos de vida do *Disciplined Agile*® 77

Papéis sugeridos no DA™ e sua relação com a agilidade e o escalamento do ágil na organização 80

Conclusão 81

Capítulo 12 – Guia PMBOK® – 7ª Edição (*Edvaldo Lourenço e Antonio Santos*) **83**

Por que o PMI está se movendo para um padrão com base em princípios? 83

Princípios de gerenciamento de projetos 84

Capítulo 13 – Fazer Escolhas é Bom: Adaptação para uma Gestão Híbrida (*Alexandre Caramelo e Luciano Sales*) **89**

Parte IV – Tecnologia **93**

Capítulo 14 – *Cases* TI – Gestão Híbrida com Práticas Scrum, LeSS e Terceirização em uma Telecom (*Guilherme Páscoa e Analia Irigoyen*) **95**

Contexto 95

Principais desafios do caso 100

Desafios do *backlog* do produto inicial com o escopo fixo e o *Story Writer* ao longo do Refinamento 100

Estimativas de prazo e custos da gestão preditiva e a cadência variável 101

Papéis da gestão preditiva presentes no nosso time ágil 102

Retrospectivas, cerimônias e Comunidades de Prática 103

Conclusão 103

Gestão Híbrida de Projetos | Casos Práticos em Diferentes Contextos e Cenários

Capítulo 15 – A Contribuição do *DevOps* para a Escalada da Agilidade em Ambientes Preditivos (*Gabriel Falconieri e Analia Irigoyen*) 105

Contexto 105

Desafio: criar um processo híbrido para executar projetos ágeis e preditivos com fundação única, sem ferir os processos da corporação e executar projetos com esse processo para garantir a coleta de resultados e lições aprendidas 106

Projeto 106

Objetivo e escopo 106

Case 111

Ciclo de vida preditivo e adaptativo 111

Automação como foco no atendimento das práticas de Engenharia de *Software* 111

Indicadores automatizados alimentavam a Gestão de Portfólios e a Área de *Compliance* 112

Conclusão 112

Capítulo 16 – *Cases* TI – Gestão Ágil Coexistindo com a Gestão Preditiva em uma Instituição Bancária Preditiva (*João Sousa e Roberto Blanco*) 113

Contexto 113

Ações com base em Gestão Híbrida aplicadas nessa organização e pontos de melhoria da abordagem utilizada 116

Conclusão 120

Capítulo 17 – Desmistificando a Visão Híbrida com o PMO Ágil em uma Empresa de Marketing *On-line* para Telecom (*Júnior Rodrigues*) 121

Introdução 121

Conceitos 122

Project Management Office de alto impacto 122

Project Management Office Ágil 122

Value Management Office 123

Value Delivery Office 123

Modelo *Agile Management Office* 123

Case – Empresa de marketing *on-line* para Telecom 127

Conclusão 130

Parte V – Governo 131

Capítulo 18 – Programa Amazônia Conectada: Gestão Híbrida e Escalada para a Construção da Infraestrutura de Telecomunicações na Amazônia (*Luciano Sales e Alexandre Caramelo*) 133

Questões sobre escala em projetos e programas 133

Contexto e escolhas: optando pela abordagem híbrida 135

Estudo de caso: Programa Amazônia Conectada.......................... 136

Principais práticas adotadas pelo Programa 137

Conclusão.......................... 141

Parte VI – Serviços **143**

Capítulo 19 – Como a Gestão Híbrida Ajudou uma Empresa de Serviços de Tecnologia da Informação a Implantar uma Operação de Grande Porte em 60 dias (*Lucas Furtado*) **145**

Cenário 145

Desafios à frente (o rio por baixo da ponte).......................... 145

Atividades de pontos de atenção (cuidados para a travessia)............... 146

Definindo a metodologia (tipo da ponte) 146

Execução do projeto (início da travessia) 147

No meio da travessia (problemas no meio do projeto) 147

Fim da travessia (fase final do projeto) 148

Deve-se utilizar a Gestão Híbrida para todos os projetos?............... 148

Como a Gestão Híbrida ficou transparente para a equipe do projeto, evitando confusões?.......................... 148

Lições aprendidas (olhando para trás após atravessar a ponte) 149

Capítulo 20 – Como a Gestão Híbrida Ajudou uma Empresa Global e Preditiva Orientada a Produtos a Desenvolver Novos Serviços em Projeto de Inovação (*Fábio Camacho e Alexandre Caramelo*) **155**

Contexto.......................... 155

Desafios 155

Projeto 156

Objetivo e escopo.......................... 157

Processo de escolha e utilização das abordagens.................... 158

Metodologia híbrida como fator-chave de sucesso.................... 158

1. Governança – Comitê de Gestão do Projeto.................... 159

2. Parte Técnica do Serviço/Produto 159

3. Marketing e Vendas.......................... 160

4. Processos.......................... 160

Lições aprendidas.......................... 162

Referências Bibliográficas **165**

Índice Alfabético **171**

PARTE I
HISTÓRICO DA GESTÃO E SUA EVOLUÇÃO

Decidimos iniciar esta jornada pelos pontos principais do histórico da gestão e sua evolução. Nada mais justo para entender como chegamos até aqui! Como ponto de partida, caso queira se aprofundar, trouxemos algumas referências que nos foi útil ao longo da nossa jornada.

Sem julgamento de valor, entendemos que a gestão mudou ao longo do tempo, assim como a própria humanidade. E que bom que mudamos o estilo de gestão, que não só acompanhou a mudança da sociedade, de seus valores e princípios, mas também seguiu a mudança do que se espera cada vez mais de um profissional: **conhecimento**, **criatividade** e **inovação**.

CAPÍTULO 1
HISTÓRICO DA GESTÃO

Fábio Camacho

Atualmente, quando abordamos o termo **gestão**, alguns logo pensam em agilidade, enquanto outros o associam a PMBOK, Prince2, Cascata, RUP ou algum outro termo relacionado a "tradicional" ou "preditivo".

» Mas como será que essa gestão evoluiu até chegar à Agilidade ou ao Manifesto Ágil? Este conhecido manifesto foi criado em 2001 por um grupo de líderes de desenvolvimento de *software*, em Snowbird, Utah, nos EUA.
» Por que a filosofia ágil se tornou tão importante nos tempos atuais?

Para responder a essas perguntas, nos pareceu necessária a apresentação da história e da evolução das práticas de gestão, até o conjunto de abordagens que conhecemos hoje.

Gestão 1.0 (*Management 1.0*)

Esse modelo de gestão surgiu no século XX e tinha como objetivo aumentar a produtividade e eficiência das empresas que produziam em larga escala. A tomada de decisão era centralizada nos líderes e o papel dos funcionários era apenas obedecer e executar as ações para as quais haviam sido designados.

Todo o processo produtivo era rigidamente monitorado e controlado, a fim de evitar perdas e retrabalho. Esse tipo de gestão, também conhecido como *top-down*, com base em hierarquia, disciplina e rigidez nas relações de trabalho, teve como exemplo mais emblemático o Fordismo.

Fato curioso é que essa relação entre patrão, máquina e operário foi representada no cinema em forma de sátira, por Charles Chaplin, no filme *Tempos Modernos* (1936). Uma das cenas do filme, na qual Chaplin acaba sendo praticamente engolido e levado adiante pela

Gestão Híbrida de Projetos | Casos Práticos em Diferentes Contextos e Cenários

estrutura da máquina, de tão reproduzida e divulgada mundo afora, acabou se tornando um ícone cultural, além de referência à história do cinema e do próprio ator.

Gestão 2.0 (*Management 2.0*)

A partir da década de 1980, novas tendências, movimentos e ferramentas foram surgindo, com o objetivo de aprimorar os controles sobre a produção, mas sem alterar a estrutura hierárquica *top-down*. Metodologias como *Good to Great*, *Total Quality Management* (TQM), *Balanced ScoreCard* (BSC), *Six Sigma*, a Teoria das Restrições e a certificação ISO passaram a integrar o dia a dia das áreas de planejamento, monitoramento e controle da produção nas grandes corporações.

Gestão 3.0 (*Management 3.0*)

Em 2010, nove anos após a criação do Manifesto Ágil, o holandês Jurgen Appelo publicou o livro *Management 3.0 – Leading Agile Developers, Developing Agile Leaders*. Nesse livro, ele apresenta um conceito de gestão organizacional focado em pessoas e na redução das barreiras hierárquicas organizacionais. Tal conceito tem o objetivo de tornar as empresas internamente mais ágeis e flexíveis, com redução de burocracia e mais rapidez na tomada de decisão, proporcionando uma adaptação mais célere a um ambiente de negócios dinâmico, em um mundo que passa por mudanças rápidas e constantes.

A Gestão 3.0 se desenvolve em um cenário no qual três diferentes gerações convivem no ambiente de trabalho – gerações X, Y e Z –, cada uma com expectativas em relação ao trabalho e formas de encarar a vida, que devem ser levadas em conta pelos gestores em suas estratégias motivacionais e de busca pelo aumento da produtividade e eficiência.

O foco nas pessoas é a principal motivação desse tipo de gestão, pois são elas que transmitem conhecimento, geram interações com os clientes, externos ou internos, e motivam as demais quando se sentem motivadas, reconhecidas e bem quistas no ambiente em que se desenvolvem. Para a Gestão 3.0, sem pessoas não é possível construir nada.

Gestão 4.0 (*Management 4.0*)

Com a evolução tecnológica e a digitalização cada vez mais presente em todos os aspectos da produção e do consumo, o foco no cliente – também conhecido como **clientecentrismo** – passou a ser a principal orientação que caracteriza a Gestão 4.0. Todas as esferas do negócio são pensadas e desenvolvidas para, de maneira integrada, superar a concorrência com modelos de negócio e práticas que visam conquistar a preferência dos clientes.

Diversificação de canais, otimização de processos, segurança de dados, *Big Data*, Internet das Coisas (IoT), flexibilidade e habilidade de negociação, empatia, criatividade, comunicação integrada e simplificada, engajamento e satisfação do cliente são práticas fundamentais para a sobrevivência das empresas em um mundo conectado em rede e cada vez mais atento às liberdades individuais e aos valores de comunidade.

Em 2017, os autores Alfred Oswald e Wolfram Müller publicaram o livro *Management 4.0: handbook for agile practices*. Na publicação, o tema é abordado de forma bem extensiva e apresenta teorias, ferramentas, casos e como usar a Metodologia Ágil na prática. Existem também muitos outros livros que tratam do tema, além de farto material disponibilizado na internet. Aliás, essa característica dos nossos tempos modernos é uma das diferenças mais marcantes que temos hoje em relação aos tempos modernos de Charles Chaplin.

Daí a importância de se ter alguma forma de gestão diferenciada, em que a valorização de pessoas e do trabalho, inovador e criativo, estivessem mais presentes. A Agilidade surgiu para cobrir essa lacuna, inicialmente na área de Tecnologia da Informação (TI), e agora em outros diversos domínios e contextos.

Ágil é uma metodologia ou uma abordagem?

É importante observar que Ágil não é uma metodologia, mas um conjunto de abordagens fundamentadas em pessoas, colaboração e valores compartilhados e, por isso, a importância de seus valores e princípios.

Ao dividir a produção em pequenos componentes (chamados iterações – ato de repetir determinada atividade por um período até alcançar o objetivo estabelecido) que pudessem ser rápidos e facilmente desenvolvidos e testados, as modificações poderiam ser realizadas sem precisar esperar pelo produto. Exemplos de métodos ágeis incluem: Scrum, *Extreme Programming* (XP), Kanban (nem todos os que usam o Scrum enquadram esse método como ágil, mas ele foi popularizado pela Agilidade), Lean e Desenvolvimento Orientado por Testes (TDD).

Na seção a seguir será abordado um pouco mais sobre como surgiu a Agilidade.

ORIGEM DA AGILIDADE

Ana de Paula
Carla Barros

É importante destacar que a Agilidade não é tão moderna quanto imaginamos. Sua origem se deu na época do Toyotismo, quando se entendeu que era mais eficaz sempre intervir nos projetos durante seu processo do que refazê-los. Isso coloca em prática o "coração" da gestão ágil, que é a preocupação com a correção de cada parte do processo para não haver perda de tempo, matéria-prima e qualidade, conceitos de desperdícios importantes do Lean (RIES, 2012). Não à toa, esses conceitos foram expandidos por especialistas para o domínio do desenvolvimento de *software*.

Os projetos de TI sempre foram conhecidos pelos atrasos e custos ultrapassados. Muitos deles entregavam documentações extensas e nenhuma linha de código. Com o objetivo de entregar mais valor e atenuar esses problemas recorrentes em projetos de desenvolvimento de *software*, em 2001, um grupo de 17 especialistas nesta área escreveram o *Manifesto Ágil*. Os mais famosos agilistas que contribuíram com o manifesto foram Kent Beck, Andrew Hunt, Jon Kern, entre outros.

Esse manifesto começou a ser desenvolvido no início dos anos 1990 para a substituição de métodos mais rígidos, como o Método Cascata, que era visto como muito burocrático e regulamentado. A Metodologia Ágil visa voltar com as interações e *feedbacks*, que eram muito utilizados no começo da história do *software*. Formado por um conjunto de princípios e valores para as melhores práticas de gestão e desenvolvimento de *software*, ele impactou expressivamente o mercado de várias formas desde então.

Um dos maiores mitos iniciais da Agilidade era o entendimento de que ser ágil é fazer e entregar algo com rapidez. Contudo, não é isso o que realmente significa. Agilidade é quase um sinônimo de maior capacidade de adaptação às mudanças, e não de rapidez.

Atualmente, a Agilidade expandiu sua utilização para o desenvolvimento e a gestão de serviços e produtos em geral, com as abordagens ágeis mais conhecidas: Scrum, Lean, Kanban, *Extreme Programming*, entre outros.

Nas Partes IV, V e VI deste livro, apresentamos casos em que foram consideradas as práticas desses dois mundos, em que muitas ações deram certo, outras não ou ainda estão em avaliação. O compartilhamento das lições aprendidas pode ajudar outros profissionais que estejam em busca de melhores resultados e que tenham contextos semelhantes.

Capítulo 1 | Histórico da Gestão

A grande questão levantada por esses casos, e pelo livro, é que nem sempre precisamos escolher só a Agilidade ou só o preditivo. É possível, sim, alinhar práticas de ambos, considerando o contexto e as adaptações necessárias. Podemos nomear esse tipo de gestão como Gestão Híbrida ou Gestão por Resultados.

PARTE II
GESTÃO ÁGIL: UMA NOVA ERA?

Esta parte tem o objetivo de introduzir as principais abordagens Ágeis (*frameworks*, métodos, ferramentas, *frameworks* de escala etc.). Não entraremos em detalhes, pois entendemos que existem literaturas específicas para aprofundamento em cada uma delas. Ao fim do livro, destacamos algumas referências que nos ajudaram na jornada até aqui.

A Agilidade mudou o paradigma de gestão, tirando o foco da rigidez de metodologias, ferramentas, contratos e processos de mudanças para uma maior valorização das pessoas. Essa foi uma mudança necessária para uma era em que o trabalho intelectual e colaborativo não é mais uma opção, mas sim uma questão de sobrevivência para a maior parte das organizações.

O trabalho colaborativo e criativo depende diretamente de pessoas motivadas e de organizações que tenham um ambiente com elevada segurança psicológica, já que mudar rapidamente exige autogerenciamento e tomadas de decisão frequentes. "Erre e conserte mais rápido ainda", "melhoria contínua até a perfeição", "pense no problema e não na solução" são importantes mantras nesse mundo ágil que veio para ficar, aberto a adaptações, novas e antigas ferramentas, muitas vezes repaginadas: um aprendizado contínuo.

Dentro dessa nova era, a Gestão Híbrida está ocupando seu espaço, em um ambiente cada vez mais ágil e focado em pessoas.

CAPÍTULO 2
MANIFESTO ÁGIL E SCRUM

Júnior Rodrigues

Conforme mencionado no Capítulo 1, há cerca de 20 anos um movimento consolidou as bases para uma transformação importante que o mundo passaria a perceber cada vez mais: o "Manifesto para Desenvolvimento Ágil de *Software*".

Parafraseando D. Pedro I, com seu grito de independência, foi como se esses signatários estivessem dizendo a todos: "Agilidade ou morte!". Isso porque, de fato, o que as abordagens ágeis representaram para o mercado nos últimos anos foi algo como a "tábua de salvação" para lidar com o crescente cenário de incerteza.

Embora o manifesto tenha nascido no universo do desenvolvimento de *software*, justamente pelo fato de ser uma realidade inerentemente incerta, seus valores e princípios não só podem, como devem ser aplicados em várias outras áreas de atuação. Afinal, a incerteza se tornou uma constante no cenário socioeconômico global.

É preciso, entretanto, compreender a importância dos valores do Manifesto Ágil que baseiam uma forma de ser e pensar, com atitudes e comportamentos que farão a diferença em qualquer ambiente em que se atue, independentemente do *framework* ou método utilizado. São eles:

» Mais indivíduos e interações – Menos processos e ferramentas.
» Mais *software* em funcionamento – Menos documentação abrangente.
» Mais colaboração com o cliente – Menos negociação de contratos.
» Mais respostas às mudanças – Menos seguimento de plano.

É importante frisar que, na relação de valores exposta, mesmo que se valorize mais os itens à esquerda, isso não significa que não há valor nos itens à direita. Esses valores são fruto de formas diferentes de se trabalhar, que foram sendo descobertas pelos signatários e que se desdobram em 12 princípios:

Gestão Híbrida de Projetos | Casos Práticos em Diferentes Contextos e Cenários

1. Nossa maior prioridade é satisfazer o cliente por meio da entrega contínua e adiantada de *software* com valor agregado.
2. *Software* funcionando é a medida primária de progresso.
3. Mudanças nos requisitos são bem-vindas, mesmo que tardiamente no desenvolvimento. Processos ágeis tiram vantagem das mudanças visando à vantagem competitiva para o cliente.
4. Os processos ágeis promovem desenvolvimento sustentável. Os patrocinadores, desenvolvedores e usuários devem ser capazes de manter um ritmo constante indefinidamente.
5. Entregar frequentemente *software* funcionando, de poucas semanas a poucos meses, com preferência à menor escala de tempo.
6. A contínua atenção à excelência técnica e ao bom *design* aumenta a agilidade.
7. Pessoas de negócio e desenvolvedores devem trabalhar diariamente em conjunto por todo o projeto.
8. Simplicidade – a arte de maximizar a quantidade de trabalho não realizado – é essencial.
9. Construa projetos em torno de indivíduos motivados. Dê a eles o ambiente e o suporte necessários e confie neles para fazer o trabalho.
10. Os melhores requisitos, arquiteturas e *designs* emergem de equipes auto-organizáveis.
11. O método mais eficiente e eficaz de transmitir informações para e entre uma equipe de desenvolvimento é por meio de conversa frente a frente.
12. Em intervalos regulares, a equipe reflete sobre como se tornar mais eficaz e, então, refina e ajusta seu comportamento de acordo.

Mesmo que entre seus criadores existissem representantes do *Extreme Programming*, Scrum, DSDM, Crystal, FDD, entre outros, não há uma menção sequer a essas práticas no Manifesto. Porém, é preciso destacar o papel do Scrum na disseminação do universo ágil nas organizações.

Criado no início dos anos 1990 por Ken Schwaber e Jeff Sutherland, com base no que Takeuchi e Nonaka haviam iniciado em 1986, o *framework* Scrum sempre foi visto como algo leve de ser adotado nas organizações. Isso porque o primeiro *Guia do Scrum*, lançado em 2010, possuía apenas 32 páginas, enquanto a versão 2020 tem somente 13 páginas, sendo sempre elaborado de forma simples e objetiva.

Como consta no guia (SCHWABER; SUTHERLAND, 2020), o "Scrum é um *framework* leve que ajuda pessoas, times e organizações a gerar valor por meio de soluções adaptativas para problemas complexos".

Nele, são destacados três papéis importantes: Scrum *Master* (SM), para promover o uso do Scrum no ambiente; *Product Owner*, que ordena o trabalho para um problema complexo; e Scrum *Team*, que transforma isso em um incremento de valor durante uma *sprint*.

Capítulo 2 | Manifesto Ágil e Scrum

O *framework* baseia-se no empirismo (que significa aprender com o que é observado), reduzindo o desperdício, usando abordagem iterativa e incremental, e que, coletivamente, se vale de pessoas que possuem as habilidades necessárias para fazer o trabalho e realizar uma entrega de valor.

Ainda, são considerados imprescindíveis que valores como comprometimento, coragem, foco, abertura e respeito sejam incorporados e praticados pelo time, garantindo que seus pilares (transparência, inspeção e adaptação) ganhem vida e permitam construir um ambiente de confiança para todos.

Esses pilares são fomentados pelas cerimônias que ocorrem dentro da iteração (chamada *sprint*), conhecidas por:

» **Sprint Planning**: momento em que se define o trabalho que será realizado.
» **Daily Scrums**: evento rápido diário para verificar e ajustar o progresso do time.
» **Sprint Review**: o resultado do trabalho é apresentado e validado, e ajustes são apontados.
» **Sprint Retrospective**: é hora de o time refletir e melhorar seu fluxo de trabalho.

Com a realização da *sprint*, o time pode selecionar os itens que constam no *Product Backlog* (que contempla todas as entregas do produto) em um *Sprint Backlog*, que são os itens que serão realizados durante a iteração.

Ao fim do período, é entregue um incremento de produto pronto, que agregue valor ao cliente, sendo adicionado como mais um "passo" concreto em direção à Meta do Produto, ou seja, o objetivo final que o time possui.

É importante ressaltar que embora tenha suas cadências, artefatos e papéis definidos, o Scrum não deve ser adotado de forma prescritiva, e deve ser complementado com outras práticas para atender às necessidades da empresa, como os próprios autores deixaram claro na última versão.

Com isso, fica evidente que o conhecimento de diversas abordagens se torna um aspecto essencial para o alcance dos objetivos, como destacaremos neste livro. O mais importante de tudo é "ser ágil", apropriando-se de valores e princípios, mesmo que você não esteja usando esse *framework* ou método conhecido como Ágil.

CAPÍTULO 3
EXTREME PROGRAMMING (XP)

Analia Irigoyen

O *Extreme Programming* (XP), criado em 1997 por Beck, Ward, Cunningham e Jeffries, surgiu em uma época em que experimentávamos sucessivos fracassos em projetos de tecnologia. Esse grupo destacou a importância de boas práticas, como: busca por pequenos incrementos com entregáveis de código, dos padrões tecnológicos (*patterns*), da arquitetura evolutiva; busca por qualidade contínua e reúso de componentes como pilares do desenvolvimento de *software* com o foco na entrega de *software* rodando com qualidade mais do que na entrega de documentos e arquiteturas ditas "perfeitas", que abraçavam problemas que sequer existiam.

Vale ressaltar que o XP é a base do *DevOps*, que, por sua vez, é a base do *Disciplined Agile*® (DA™), assunto que será explorado mais à frente (Capítulo 11). O entendimento de suas boas práticas pode ajudar no planejamento dos projetos que tem como sua base a Agilidade ou a Gestão Híbrida.

Os principais valores do XP são destacados a seguir.

Comunicação

É importante realizar uma comunicação efetiva e frequente, seja ela formal ou não. É importante também priorizar meios de comunicação mais diretos, como: presencialmente (face a face), vídeo e/ou telefone.

Simplicidade

Iniciar sempre pelo mais simples:

» Incentivar as práticas que reduzam a complexidade do sistema e do processo.

Gestão Híbrida de Projetos | Casos Práticos em Diferentes Contextos e Cenários

» A solução deve ser sempre a mais simples, independentemente do foco: tecnologias, *design*, algoritmos, técnicas ou processos (que devem ser automatizados sempre que sejam considerados repetitivos).

» Não pensar em arquitetura e *design* que vão resolver iterações futuras: o famoso *Big Design Up Front* (BDUF).

Feedback

Organizar *feedbacks* e atividades de qualidade o mais cedo possível e continuamente:

» *Feedback* relacionado à qualidade do código, se possível por ferramentas automatizadas.

» Exercitar o *feedback* em todas as etapas do ciclo de vida, incluindo histórias do usuário final, desenvolvimento, testes de unidade, programação em pares, integração contínua e entrega contínua.

» Disseminar o entendimento de que o código é de todos facilita o *feedback*.

» Erros detectados devem ser corrigidos no momento em que são encontrados.

» Um bom *feedback* permite estimativas mais precisas e menos riscos.

Coragem

Práticas do XP aumentam a confiança e a coragem do time para:

» Melhorar o *design* do código que está funcionando para o tornar mais simples e melhor, sempre que necessário.

» Jogar fora o código desnecessário (menos desperdício).

» Investir tempo na automação dos testes, considerando priorizá-los: quais levam mais tempo, quais são mais críticos e prioritários ao negócio.

» Pedir ajuda aos que sabem mais ou, simplesmente, pedir ajuda sempre que achar necessário. Normalmente, é bom estabelecer um limite de tempo de investigação e/ou resolução do problema e, após esse limite, peça ajuda sem vergonha ou receio.

» Dizer aos *stakeholders* que um item de *backlog* não será implementado no prazo acordado.

» Abandonar processos formais que não trazem valor ao time e à organização, elaborando *designs* e documentações em código ou colaborativas.

» As principais boas práticas de codificação definidas pelo XP, base do *DevOps*, são:

Capítulo 3 | *Extreme Programming* (XP)

> revisão frequente do código, com o uso ou não de ferramentas. A revisão manual ainda é necessária como complemento à revisão automatizada;
> maior cobertura de testes automatizados em todos os níveis (pirâmide de testes);
> participação frequente do usuário final, que passa a ser parte do time;
> refatoramento, conforme regras estabelecidas pelo time, visando a uma maior qualidade de código;
> integração/entrega e implantação contínua;
> (re)planejamento, (re)*design*, sempre que necessário.

CAPÍTULO 4
MÉTODO KANBAN

Analia Irigoyen
Elizete Pedroza
Lucas Furtado

Usado inicialmente na indústria, o Kanban foi criado pelo engenheiro japonês Taiichi Ohno quando este era diretor da Toyota, no fim da década de 1940. David J. Anderson (2010), principal personagem do Lean e do Kanban até os dias de hoje, criou o **método Kanban**, com base no Kanban de Taiichi Ohno, como uma abordagem para gestão por processos (fluxos) para toda a organização.

A seguir, é apresentado um breve resumo dos principais papéis, regras de fluxo, princípios e artefatos do método Kanban. Caso queira se aprofundar e encontrar mais referências de Kanban e *cases* práticos, sugerimos a leitura do livro *Jornada Kanban na Prática* (MUNIZ et al., 2021).

Papéis e princípios do Kanban

A organização pode usar os papéis que já existem para executar seus fluxos de valor, já que não existem definições padrões e específicas no Kanban como existe no Scrum e/em outras abordagens. Os únicos papéis sugeridos (portanto, não é uma obrigação) são: o *Service Request Manager* (SEM) e o *Service Delivery Manager* (SDM), originados das experiências dos autores com o uso do Kanban.

Kaizen – melhoria contínua evolutiva – significa mudar aos poucos, mas mudar sempre. Lembre-se de que essas melhorias devem focar sempre no "todo", ou seja, no impacto no fluxo inteiro e não somente localmente ou em parte do fluxo. Muitas vezes, fazemos melhorias locais que podem afetar negativamente o fluxo de modo geral. Por exemplo, automatizar o desenvolvimento do *software* quando a infraestrutura não está preparada para receber mudanças automatizadas.

Fluxo do Kanban

Ao iniciar a adoção do Scrum, é importante mapear exatamente o processo (fluxo) atual com seus papéis, suas responsabilidades, seus cargos e suas dependências. É importante conhecer esses elementos para que seja possível escolher e priorizar as melhorias que gerem valor e resultado.

Conforme ilustrado na Figura 4.1, é importante mapear todo o fluxo de trabalho, desde a solicitação do cliente até a realização da entrega de um serviço ou projeto. Nessa fase, é essencial que haja transparência, para que seja possível identificar desperdícios e entender as cadeias de valor.

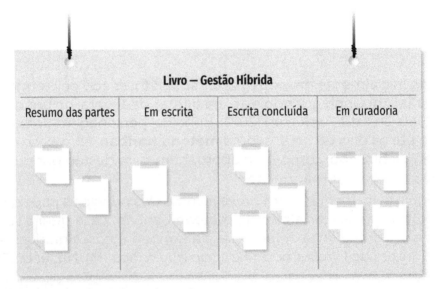

Figura 4.1 Representação do fluxo do Kanban.

WIP, *Lead Time* e Tempo de Ciclo

Na gestão do fluxo, o método Kanban descreve a importância de limitar o trabalho em progresso (ou em andamento) e estabelecer em cada etapa do processo um WIP (*Work in Progress* – limite do trabalho em andamento). Quanto menor for o limite do WIP, maior será a possibilidade de o time "terminar o trabalho", mais do que começar novos, estabelecendo o que o Kanban/Lean define como **sistema puxado**. De forma visual, conforme ilustrado na Figura 4.2, o sistema puxado significa que, ao terminar um trabalho, o time olha o quadro e inicia as tarefas que estão posicionadas mais próximas à extremidade direita, sempre seguindo a ordem de prioridade de cima para baixo. Nesse sentido, o quadro do Kanban favorece o autogerenciamento com regras de gestão visual, como a ordem dos cartões/tarefas/trabalho no quadro e o WIP.

Outras duas importantes métricas do método Kanban são o **Lead Time** e o **Tempo de Ciclo**. O *Lead Time* significa o tempo total gasto desde a chegada do cartão/tarefa (solicitação do cliente) até a entrega para o cliente (de apenas um item). Já o Tempo de Ciclo pode ser definido como o tempo que se leva quando um novo cartão/tarefa entra no estágio (em andamento), descontado o tempo que esteve na lista de espera antes de ser iniciada pelo time.

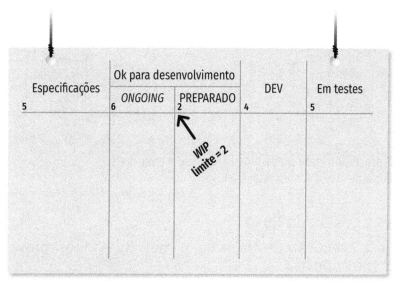

Figura 4.2 Representação do *Work in Progress* (WIP) no fluxo do Kanban.
Fonte: adaptada de David J. Anderson (2010).

Políticas e regras de fluxo

Antes de iniciar com o método Kanban, devem ser estabelecidos alguns itens:

» Políticas explícitas, incluindo política de qualidade e de melhoria contínua, que devem ser revisadas e acordadas por todos do time. A fundamentação comum do que é qualidade e da necessidade de melhorar continuamente é essencial para o bom andamento do método e do time.
» Realizar a automação de fluxos, regras e padronização – *Poka Yoke*. Definir padrões e *checklists* antes de completar as tarefas, conforme ilustrado na Figura 4.3.
» *Stop the line* – conceito *lean* para prevenir novos defeitos. Realizar com o time a análise de causas dos defeitos – priorizando os críticos quanto ao seu impacto no negócio e/ou tempo de resolução, por exemplo – quando estes ocorrem.

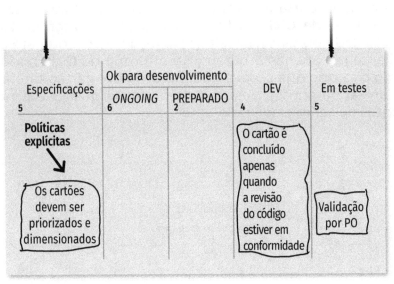

Figura 4.3 Representação da política de qualidade e *checklists*.
Fonte: adaptada de David J. Anderson (2010).

Cadências e gestão do fluxo

Durante a execução do trabalho, o método Kanban prevê algumas cadências (cerimônias):

» Reabastecimento (*Replenishment*).
» Planejamento da Entrega (*Delivery Planning*).
» Diária de Kanban (*Daily Kanban*, *Standup* ou *Daily Flow Planning*).
» Revisão de Operações (*Operations Review*).
» Análise de Risco (*Risk Review*).
» Revisão de Entrega do Serviço (*Service-Delivery Review*).
» Revisão da Estratégia (*Strategy Review*).

Ao longo do trabalho do time, e de acordo com sua maturidade, é importante que as cadências sejam ajustadas quanto à sequência, ao ritmo e às sucessão regular. Também devem ser analisados os custos associados às entregas de um produto ou serviço, que podem ser os custos de espera da aprovação, do planejamento, da qualidade e da verificação. Esses custos de espera são prejudiciais para o *feedback* e, principalmente, para o conceito do sistema puxado.

Para potencializar a gestão do fluxo, o método Kanban descreve alguns importantes indicadores, como: Diagrama de Fluxo Cumulativo (DFC), Tempo de Ciclo, Índice de Defeitos e Itens Bloqueados.

Conforme ilustrado na Figura 4.4, o DFC tem como principais interpretações para a gestão do fluxo em prol do ganho de eficiência:

Capítulo 4 | Método Kanban

» **Gargalo**: se a distância entre duas linhas em progresso aumentar, é um sinal de gargalo.
» **Problemas na capacidade de entrega**: se a linha de *backlog* estiver mais inclinada que a linha *Done*, significa que estão sendo inseridas mais tarefas do que se pode entregar.
» **Calcular o Tempo Médio de Ciclo**.
» **Quantidade de itens na fila**.

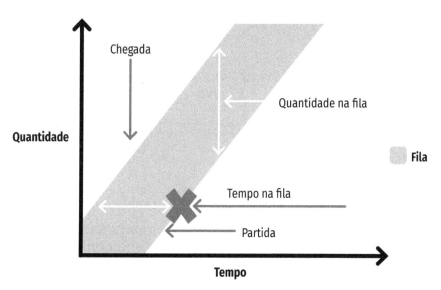

Figura 4.4 Diagrama de Fluxo Cumulativo (DFC).
Fonte: adaptada de Reinertsen (2009).

Outro importante indicador analisado pelos times Kanban é o **Índice de Defeito**. Ao analisar a Figura 4.5, é possível fazer junto ao time alguns questionamentos, como: "Por que houve aumento de novos defeitos?" e "O Tempo do Ciclo foi afetado pelo Índice de Defeitos? Qual foi o percentual afetado?".

A média dos Itens Bloqueados ao longo do tempo – por exemplo, defeitos – também deve ser observada. Os pontos fora da curva ou o comportamento anormal (*outliers*) devem ser analisados quanto à sua causa raiz, com o objetivo de priorizar as melhorias na qualidade do produto e/ou processo.

A priorização de tarefas/trabalho a se fazer ou em andamento deve ser revista frequentemente, considerando não somente a prioridade estratégica (itens que estão mais acima do quadro), mas também o custo do atraso (o item mais complexo).

Um exemplo de priorização dentro do domínio de TI seriam os itens de maior risco tecnológico, os que atendam às necessidades básicas de infraestrutura e os que são dependentes de outros.

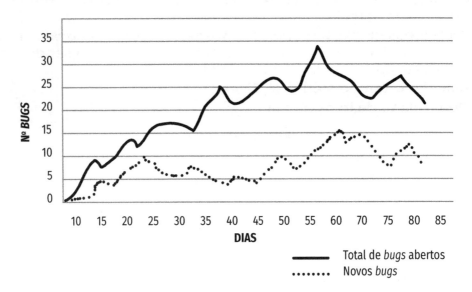

Figura 4.5 Gráfico de taxa de defeitos.

Classes de serviços

Ao definir os itens do *backlog* (cartões), o time precisa levar em conta quais são os tipos de trabalho executados e a sua complexidade. Esses tipos de trabalho podem ser agrupados em classes de serviços, como:

» **Classe Padrão**: pequenas melhorias, defeitos cosméticos e histórias.
» **Classe de Prazo Fixo**: histórias com prioridade e prazo fixo.
» **Classe Urgente**: defeitos impeditivos que rompem os limites do WIP.
» **Classe Prioritária**: defeitos críticos, histórias de alta prioridade ou complexidade, histórias com dependências críticas.

Os exemplos dados de classes de serviços são da área de TI, cujo conceito pode – e deve – ser adaptado para outros domínios.

É importante que o time, ao longo do trabalho, desafie-se a fazer a gestão do fluxo, e isto só é possível quando existem questionamentos, com frequência contínua, associados ao progresso, ao aumento da cultura de confiança, à qualidade, à análise dos riscos e ao limite do WIP.

O pensamento *lean* também deve ser considerado ao longo das cerimônias/cadências do Kanban, por exemplo: se o time está entregando valor de forma prioritária ao fluxo, se estamos eliminando desperdícios e melhorando a eficiência, e se gargalos estão sendo minimizados.

Melhoria contínua

"Melhoria contínua até a perfeição" é um lema Lean seguido pelo Kanban, que encoraja os times a promoverem sempre a melhoria contínua no fluxo e nas regras para alcançarem níveis melhores de *Lead Time*. Deve-se fazer pequenas mudanças no fluxo (Kaizen), ajustar os WIPs e ajustar o quadro, além de aumentar a visibilidade.

SCRUMBAN

O conceito SCRUMBAN vem sendo cada vez menos disseminado nos mercados, pois é cada vez mais natural o uso do método Kanban pelos times Scrum. Mas, resumidamente, consiste em unir o que existe no Kanban quanto à gestão de fluxo (métricas, princípios e regras) com as cadências e os papéis do Scrum.

CAPÍTULO 5
DEVOPS

Analia Irigoyen

A abordagem *DevOps*, essencialmente de Tecnologia da Informação (TI), foi disseminada e apadrinhada por Patrick Debois em 2019, inspirado por uma palestra de funcionários da Flickr (John Allsapaw e Paul Hammond), e significa basicamente a junção entre as boas práticas de Desenvolvimento e Operação, áreas que comumente trabalham em separado e estão sempre cheias de conflitos.

DevOps é uma abordagem usada pela área de TI e é um dos pilares do *Disciplined Agile*® (DA™), que considera que as organizações ou são de TI ou têm seu negócio fundamentado em tecnologia, assunto a ser abordado no capítulo específico sobre o DA™ deste livro (Capítulo 11).

Conforme ilustrado na Figura 5.1, *DevOps* é uma abordagem embasada em Lean (pessoas, ferramentas e cultura), Metodologias Ágeis e *Extreme Programming* (XP), e tem como principais objetivos a automação do ciclo de desenvolvimento e operação e a colaboração de todos os representantes do fluxo de valor.

Figura 5.1 Jornada *DevOps*.
Fonte: adaptada de Muniz *et al.* (2019).

Princípio das Três Maneiras

A abordagem *DevOps* focada no princípio das Três Maneiras é destacada em dois livros referência neste assunto, que podem ser uma boa opção para aprofundar o tema: *The DevOps Handbook* (KIM *et al.*, 2016) e *Jornada DevOps na Prática* (MUNIZ *et al.*, 2019).

A seguir é apresentado um resumo da abordagem dos livros citados, para que seja possível compreender mais facilmente os pilares do *DevOps* e suas principais práticas.

Primeira Maneira – *fluxo*

O objetivo da Primeira Maneira na abordagem *DevOps*, em que a base é o Lean, é acelerar o fluxo da esquerda para a direita. Para que seja possível entregar valor ao cliente de forma continuada e com qualidade (que é uma obrigação e não mais um diferencial), é importante fazer uma boa Gestão do Fluxo para identificar o melhor caminho para a automação, gerando valor a cada etapa da melhoria contínua.

Destacam-se as principais práticas e princípios que potencializam o alcance do objetivo "otimizar o fluxo" da Primeira Maneira:

Capítulo 5 | *DevOps*

» **Limitar o trabalho em andamento (WIP – *Work in Progress*)**: favorece o sistema puxado, fazendo com que o time conclua mais tarefas do que comece outras.

» **Tornar o trabalho visível**: todo o trabalho a ser feito deve estar visível no quadro, favorecendo o autogerenciamento e a melhor gestão do fluxo do método Kanban.

» **Infraestrutura não é mais imutável**: a automação da criação de ambientes e conceitos como *Platform as a Service* (PaaS) e *Infrastructure as a Service* (IaaS) promovem a facilidade em recriar ambientes em vez de realizar manutenções complexas.

» **Considerar a Infraestrutura como Código (IaC)**: com a automação da infraestrutura por meio de *scripts*, a gestão de configuração e o ciclo de desenvolvimento de *software* também são requeridos para que seja garantida a qualidade desses códigos/*scripts*.

» **Código e configurações** (*pipelines*, ambientes etc.) estão dentro de um Sistema de Controle de Versão único.

» **Trabalhos manuais e repetitivos nas áreas de Desenvolvimento e Operação são automatizados**, de modo a evitar retrabalhos e a aumentar a qualidade.

» **Ambientes iguais ou semelhantes ao de produção são considerados em todos os estágios** (p. ex., desenvolvimento e homologação) do fluxo de valor (desde a solicitação do cliente até a entrega da versão do *software*).

Segunda Maneira – feedback rápido

O principal objetivo da Segunda Maneira na abordagem *DevOps* é implantar abordagens que permitam a obtenção de um *feedback* rápido. Nesse sentido, para que seja possível entregar qualidade ao cliente, é imprescindível que os erros sejam encontrados e ajustados rapidamente, de preferência no início do ciclo de desenvolvimento. As diversas técnicas/abordagens e boas práticas que serão destacadas a seguir nos ajudam a "errar e consertar mais rápido ainda".

As principais práticas e princípios que potencializam o alcance do objetivo *feedback* da Segunda Maneira são:

» **Visão clara do fluxo e melhoria contínua**: todos que participam do fluxo de valor (desenvolvedores, operação e demais *stakeholders*) são responsáveis pela melhoria contínua do produto e do processo. Para que isso seja possível, todos precisam ter visibilidade e acesso às ferramentas utilizadas em todas as etapas do fluxo de valor.

» **Telemetria**: a importância da coleta e análise de métricas ao longo de todo o ciclo de vida do produto e por todos os *stakeholders* envolvidos no fluxo de valor. As métricas são de todos e para todos.

» **Revisão do Código (manual ou automatizada – com auxílio de ferramentas)**: realizar essas revisões desde o início do fluxo não só garante maior qualidade no produto como também evita retrabalhos e aumenta o *feedback* e o aprendizado do time.

» **Ir ao Gemba (princípio do Lean)**: promove a colaboração "indo ao local" onde é realizado o trabalho e falando com as pessoas que o executam, para que as propostas/sugestões de melhorias e/ou ajustes venham e sejam validadas pelo time.

» **Corda de Andon (princípio do Lean)**: assim que alguém detecta um problema e/ou impedimento, este passa a ser do conhecimento de todos, que analisam juntos a melhor solução. Além de acelerar a resolução do problema, promove aprendizado coletivo.

Terceira Maneira – aprendizado

A cultura de confiança é a palavra-chave da terceira maneira e esta cultura deve ser sempre estabelecida e disseminada pela organização. Se a organização possui a "procura de culpados" como parte do processo de descoberta de erros, a Terceira Maneira nunca poderá ser uma realidade.

É a Terceira Maneira que permite que a colaboração e o aprendizado continuem "vivos" nos times, favorecendo práticas importantes das outras duas maneiras, como automação, colaboração e descoberta de gargalos.

Destacam-se as principais práticas e princípios que potencializam o alcance do objetivo "aprendizado" da Terceira Maneira:

» **Cultura justa**: organizações que têm como base o *DevOps* disseminam as boas práticas de uma cultura justa, como: nunca identificar ou envergonhar o culpado pela falha, quando conhecido; incentivar/premiar quem compartilha problemas/falhas do produto e/ou processo; criar mecanismos que aumentem a confiança para que a equipe aprenda com problemas sem culpa; tomar cuidado ao associar métricas de fluxo de forma individual ou punitiva.

» **Divulgar e compartilhar aprendizados entre os times**: a troca frequente de experiências e aprendizados entre o próprio time e outros times de outras áreas aumenta a qualidade e o aprendizado organizacional. A participação de comunidades, dentro e fora da empresa, pode potencializar a eficiência organizacional e as inovações.

» **Aprendizado com falhas**: a Netflix (MUNIZ; IRIGOYEN, 2019) criou um processo de injeção de falhas chamado *Chaos Monkey*. Esse processo aumenta a consciência da organização e dos seus funcionários sobre as fragilidades sistêmicas e tecnológicas, tornando a organização cada vez mais resiliente.

Capítulo 5 | *DevOps*

» **Reunião *post mortem***: reunião que deve ser realizada após um incidente em produção ou defeitos críticos e recorrentes ao longo do ciclo de desenvolvimento do *software*. Essa reunião tem o objetivo de traçar uma *timeline* dos fatos, analisar a causa-raiz, propor ações para evitar a recorrência e ações de melhoria no processo, dívidas técnicas (pontos de qualidade de código que devem ser ajustados) e divulgar o resultado dessa reunião a todos os envolvidos.

» **Dias de jogos**: o objetivo é aumentar a resiliência a partir do planejamento da injeção de falhas de grande escala em sistemas críticos para o negócio da organização. Essas injeções de falhas podem ser usadas como parte dos testes de Continuidade de Negócios.

Ao analisar as boas práticas dessas três maneiras, é possível perceber que o *DevOps* é um pilar técnico importante e deve ser considerado no ciclo de vida de qualquer projeto para que seja possível entregar mais e com mais qualidade.

CAPÍTULO 6
LEAN

Marília Neumann
Analia Irigoyen
Lucas Furtado

Definir o que é Lean em um cenário que já carrega sua filosofia há mais de 40 anos é querer colocar em uma caixinha várias definições que foram sendo incorporadas no decorrer das décadas. Inicialmente, essa metodologia foi desenvolvida pelo Sistema Toyota de Produção. Foi nele que diversos conceitos foram iniciados, como: identificação e remoção de desperdícios, foco na qualidade e Gemba.

O termo **Lean**, de acordo com as bibliografias, tem como seu criador John Krafcik, em 1988, no Massachusetts Institute of Technology (MIT), a partir de uma pesquisa realizada para o Programa de Veículo a Motor Internacional. Krafcik argumentou que essa palavra significava fazer mais com menos, comparando as empresas japonesas com os atletas de alto nível. Contudo, sua criação vem de muito antes, desde a década de 1970 com o engenheiro responsável pela linha de produção da Toyota no Japão, Taiichi Ohno.

Visto que, nessa época, o Japão passava por problemas econômicos devido à guerra que se findava, Ohno foi responsável por implementar o primeiro sistema Kanban de produção, o qual era inspirado nas prateleiras de um supermercado. Com isso, foi possível a introdução do sistema puxado de produção.

A partir do Sistema Kanban, criado por Ohno, muitos outros foram incorporados com apenas uma mentalidade: "melhoria contínua". Por exemplo, a utilização do Ciclo PDCA para confecção de Relatório A3, o Kaizen e a análise dos oito desperdícios.

De acordo com Bhasin (2015), "Lean é um sistema que habilita as organizações a diminuir os custos através da erradicação dos desperdícios".

A partir da implementação dessa filosofia, é possível a organização buscar melhorias, diminuir os desperdícios e focar no cliente.

Se pudéssemos resumir o Lean em uma frase, seria: "Tudo começa com uma experiência. Sem essa determinação de experimentar, todo o conhecimento no mundo é inútil" (SHIMOKAWA, 2011).

Três Ms

Os três Ms vêm da expressão japonesa "Mura, Muri e Muda", que, resumidamente, são situações/ações indesejadas e que não geram valor nos processos organizacionais.

O "Muri" tem seu foco na preparação e no planejamento do processo, de modo a evitar sobrecarga e delimitar o que pode ser evitado. O "Mura", por sua vez, busca implementações para eliminar a variação entre qualidade e volume. Por fim, o "Muda", muitas vezes, é descoberto depois que o processo já está funcionando e é tratado de forma reativa. Uma das ferramentas que tem o foco no "Muda" é a análise dos oito desperdícios (BLACK, 2008; PICCHI, 2021).

Ferramentas

A metodologia abordada pelo Lean traz consigo várias ferramentas para auxiliar o que é conhecido como **jornada Lean**. Essa jornada consiste em ações que buscam a eliminação de desperdício e o desenvolvimento da organização.

As ferramentas utilizadas no decorrer da jornada não têm como objetivo tornar o processo exaustivo e cheio de especificações. Bhasin (2015) levanta em sua bibliografia mais de 50 ferramentas, muitas das quais surgiram no Sistema Toyota de Produção, e outras que foram incorporadas para alcançar os objetivos.

No Quadro 6.1 estão listadas as ferramentas mais frequentes, sendo utilizadas em momentos diferentes na jornada Lean (diagnóstico, melhoria, aprendizado).

Quadro 6.1 Resumo das principais ferramentas

Ferramentas	
5s	*Benchmarking*
Kanban	Espinha de Peixe
PDCA	FMEA
Relatório A3	Fluxograma
Poka-Yoke (à prova de erros)	Eventos Kaizen
Objetivo SMART	Diagrama de Spaghetti
Mapeamento de Fluxo de Valor (MFV)	5 Porquês

Fonte: adaptado de Bhasin (2015).

Capítulo 6 | Lean

Vale lembrarmos de que as ferramentas são um caminho para a melhoria e, portanto, não existe resposta errada na hora de completar o que cada uma delas pede.

Lean fora do chão de fábrica

Em meados dos anos 1990, os princípios Lean que eram utilizados no "chão de fábrica" começaram a migrar para as outras áreas das organizações, e seus conceitos e suas ferramentas começaram a ser incorporados em outros processos (administrativos, recursos humanos etc.). O conceito de *lean* foi bem-aceito pelas organizações, pois elas começaram a enxergar os benefícios com relação à minimização do tempo (internos) e ao foco no cliente (externos).

Atualmente, o Lean Institute tem sete áreas com enfoque na implementação do Lean: agronegócio, construção, digital, logística, manufatura, saúde e serviços. O ciclo mostrado na Figura 6.1 exemplifica como o Lean é utilizado nos processos fora do chão de fábrica. Supondo que exista um processo X, nele são identificadas as atividades que geram valor, para que, em seguida, sejam mapeadas e aprimoradas, visando atender à demanda dos clientes.

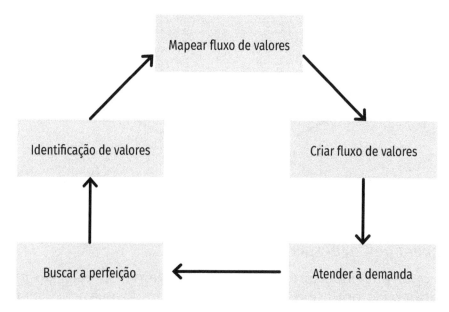

Figura 6.1 Fluxo de valor.
Fonte: adaptada de Womack e Jones (2003).

Conceitos do Lean em serviços e na tecnologia

Em um mundo corporativo cada vez mais sujeito a mudanças, sejam tecnológicas ou provocadas por melhorias internas solicitadas pelos clientes ou concorrentes, a procura por processos enxutos e uma operação enxuta vem despertando o interesse de muitas organizações de serviços e/ou tecnologia na abordagem Lean e nos seus conceitos. A Figura 6.2 ilustra os conceitos Lean aplicados a essas organizações. Em seguida, serão abordados cada um desses princípios interpretados em serviços e tecnologia.

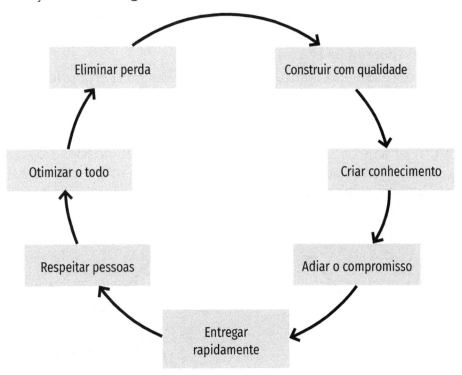

Figura 6.2 Conceitos de *Lean Manufacturing*.
Fonte: adaptada de Poppendieck e Poppendieck (2003).

1 – Eliminar perda (desperdícios)

Qualquer atividade que não agrega, diretamente, valor ao produto acabado/serviço entregue é classificada como desperdício. Quando se utiliza o método Kanban na fase de mapeamento do fluxo de valor, é possível visualizar onde estão os desperdícios e reduzir o tempo de entrega (*Lead Time*), conforme ilustrado na Figura 6.3.

Capítulo 6 | Lean

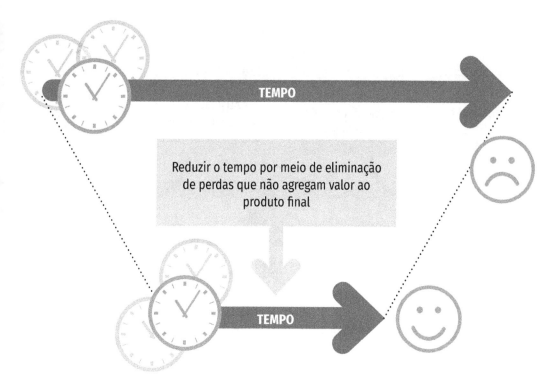

Figura 6.3 Definição do conceito Lean – Eliminar perda.
Fonte: adaptada de Poppendieck e Poppendieck (2003).

2 – Construir com qualidade desde o início do fluxo

O processo, ilustrado na Figura 6.4, não deve permitir que defeitos/falhas ocorram ao longo de todo o ciclo de vida de entrega do produto e/ou serviço. Sabemos que nem sempre a automação de *gateways* de qualidade de processo e de produto são possíveis, por isso, nesses casos, as atividades de remoção desses erros/falhas devem ser executadas no menor tempo possível. A abordagem *DevOps*, por exemplo, que promove a automação com o uso de ferramentas de processo e qualidade, evita que defeitos sejam incluídos no produto e que eles sejam ajustados em algum momento no futuro. Nessas ferramentas, o defeito precisa ser ajustado para que seja possível executar as etapas posteriores do processo, de modo a garantir a qualidade desde o início.

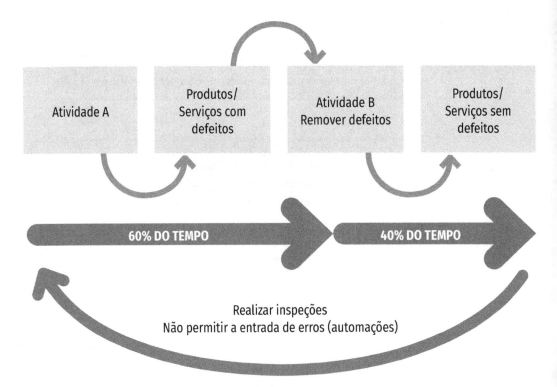

Figura 6.4 Definição do conceito Lean – Construir com qualidade.
Fonte: adaptada de Poppendieck e Poppendieck (2003).

3 – Promover/criar conhecimento

O aprendizado deve fazer parte de todas as fases do ciclo de vida do produto/serviço. No *DevOps*, temos a Terceira Maneira focada no aprendizado organizacional; no Scrum, a cada ciclo (de, no máximo, 4 semanas) temos as reuniões diárias, *Reviews* (*feedback* de produto) e Retrospectivas (*feedback* do processo) que permitem a implementação desse conceito; e no Kanban, as cadências de Melhoria Contínua (Kaizen) promovem aprendizados e melhorias no processo. Em todas as abordagens, métodos ou *frameworks* que têm sua base no Lean, a gestão de conhecimento é essencial.

4 – Adiar o compromisso

Não existe a necessidade de iniciar o desenvolvimento de um produto/serviço sem o entendimento completo do que deve ser feito/explorado. Conforme ilustrado na Figura 6.5, por exemplo, o time só iniciará o desenvolvimento se a história estiver com o *status* "Pronta para Dev" (critérios de *ready*), ou seja, as histórias que não estiverem prontas voltam para o *backlog* – *status* "ideias", para serem refinadas até que estejam prontas (o ponto de compromisso é adiado).

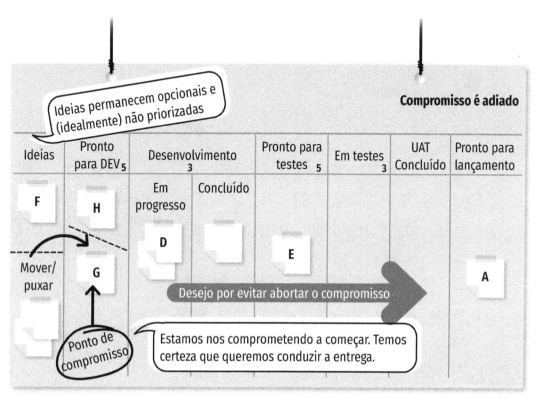

Figura 6.5 Definição do conceito Lean – Adiar o compromisso.
Fonte: adaptada de Poppendieck e Poppendieck (2003).

5 – Entregar rapidamente

A entrega de pequenos incrementos (ciclos curtos) priorizando os itens com maior valor e a automação do fluxo e da qualidade permitem que os times entreguem valor cada vez mais rápido. Outro importante princípio que potencializa esse conceito e que está presente no método Kanban é o sistema puxado, com a limitação do WIP.

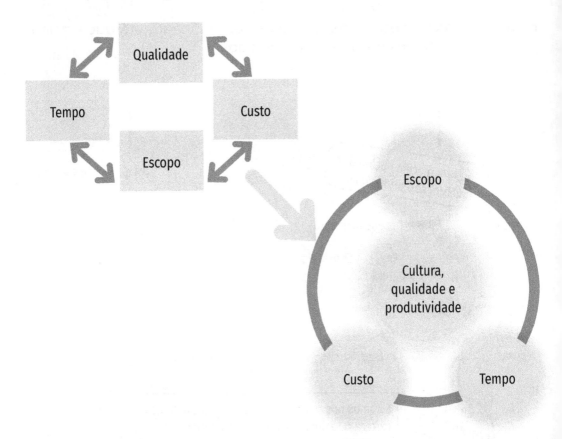

Figura 6.6 Definição do conceito Lean – Entregar rapidamente.
Fonte: adaptada de Poppendieck (2003).

6 – Respeitar pessoas

Conforme ilustrado na Figura 6.7, as pessoas são o pilar de qualquer abordagem, seja ela preditiva, adaptativa ou híbrida. O foco das organizações deve estar sempre em aumentar a colaboração, o engajamento, a confiança, a motivação, o aprendizado e a diversidade. As abordagens ágeis, incluindo o Kanban e o *DevOps*, têm como princípios e/ou valores o respeito às pessoas.

Note que o *Management 3.0*, introduzido na Parte I, é voltado para o gerenciamento de expectativas, visibilidade dos limites, valorização e empoderamento das pessoas. Todos esses conceitos estão fundamentados e foram iniciados na Indústria, no Lean do Sistema Toyota de Produção.

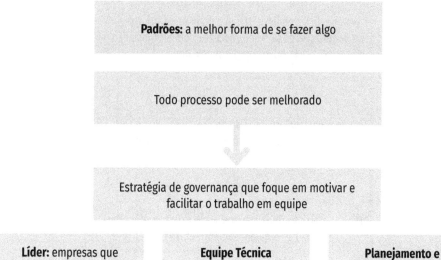

Figura 6.7 Definição do conceito Lean – Respeitar pessoas.
Fonte: adaptada de Poppendieck e Poppendieck (2003).

7 – Otimizar o todo

Quando queremos melhorar um produto/serviço, é importante conhecer todo o fluxo de valor (desde a solicitação do cliente até a entrega do produto/serviço) e suas medições, conforme ilustrado na Figura 6.8.

Ao planejar ou priorizar qualquer otimização (mudança), deve ser possível medir o impacto dessa mudança (seja incremental ou evolucionária) na eficiência do fluxo de valor (todo) e não só na eficiência local (de uma das etapas do fluxo de valor). Esse conceito do Lean é um dos mais importantes, pois é possível que, ao melhorar localmente uma das etapas do fluxo, o fluxo de valor (todo) seja impactado negativamente. Esse impacto pode gerar desperdícios, desmotivação e problemas de qualidade.

Os conceitos do Lean, independentemente do domínio em que ele é aplicado, até hoje são conhecidos como a base da gestão de fluxos e processos contribuindo para o aumento da maturidade organizacional e para a obtenção de melhores resultados operacionais e financeiros.

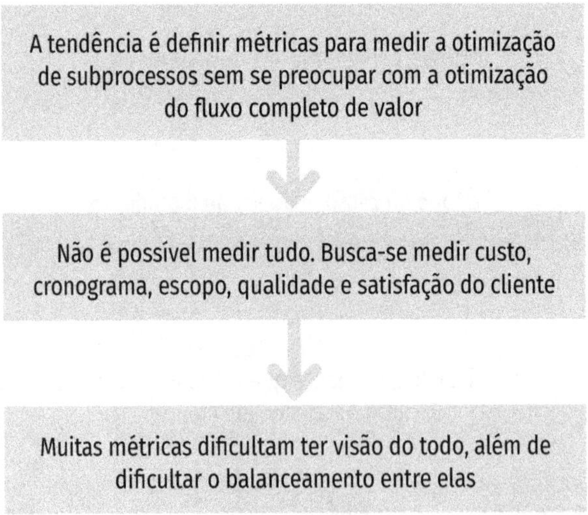

Gestão Híbrida de Projetos | Casos Práticos em Diferentes Contextos e Cenários

A tendência é definir métricas para medir a otimização de subprocessos sem se preocupar com a otimização do fluxo completo de valor

Não é possível medir tudo. Busca-se medir custo, cronograma, escopo, qualidade e satisfação do cliente

Muitas métricas dificultam ter visão do todo, além de dificultar o balanceamento entre elas

Figura 6.8 Definição do conceito Lean – Otimizar o todo.
Fonte: adaptada de Poppendieck e Poppendieck (2003).

CAPÍTULO 7
SCRUM DE SCRUMS

Guilherme Páscoa

Scrum é um *framework* com base no empirismo e *lean thinking*, que ajuda times e organizações a gerarem valor para problemas complexos. Com o conhecimento que vem da experiência e tomada de decisões fundamentadas na observação, reduz o desperdício e concentra-se no essencial. Emprega, ainda, uma abordagem iterativa e incremental, envolvendo um grupo de pessoas que, coletivamente, possuem todo o conhecimento e as habilidades necessárias para a execução do trabalho proposto.

A unidade fundamental do Scrum é um pequeno time de pessoas, um Scrum *Team*, que consiste em um Scrum *Master*, um *Product Owner* e *Developers*. Essa é uma unidade coesa de profissionais focados em um objetivo de cada vez – Meta do Produto. Sendo um time multifuncional e autogerenciável, é responsável por todas as atividades relacionadas ao produto e por criar um incremento valioso e útil a cada *sprint*.

Em suma, o Scrum requer um Scrum *Master* para promover um ambiente no qual:

1. Um *Product Owner* ordena o trabalho para um problema complexo em um *Product Backlog*.
2. O Scrum *Team* transforma uma seleção do trabalho em um incremento de valor durante uma *sprint*.
3. O Scrum *Team* e seus *stakeholders* inspecionam os resultados e se ajustam para a próxima *sprint*.
4. Repetição dos passos 1 ao 3.

Crescimento em escala

Conforme descrito originalmente no *Guia do Scrum* (2020), o Scrum é focado em um único Scrum *Team*, capaz de entregar o valor ideal enquanto mantém um ritmo sustentável. Foi observado, repetidamente, que conforme o número de Scrum *Teams* dentro de uma organização crescia, o volume, a velocidade e a qualidade de sua produção (produto do trabalho) por equipe começaram a cair em razão de problemas como dependências entre equipes, duplicação de trabalho e sobrecarga de comunicação. Como a estrutura de gerenciamento original era ineficaz para alcançar a agilidade do mercado, surgiram problemas como prioridades concorrentes e incapacidade de mudança rápida das equipes para responder às condições dinâmicas do mercado.

Para neutralizar esses problemas, era claramente necessária uma estrutura para coordenar efetivamente vários Scrum *Teams*. Estes visariam a uma escalabilidade linear com a capacidade de aumento percentual dos times, correspondendo ao trabalho necessário para entrega do produto e agilidade, com a capacidade de responder rapidamente às mudanças, adaptando assim a configuração inicial.

O Scrum Escalado ajuda uma organização a focar uma rede de Scrum *Teams* em metas priorizadas. O objetivo é conseguir isso estabelecendo uma estrutura que estenda naturalmente a forma como um único Scrum *Team* funciona, por meio de uma rede com escalabilidade linear independentemente do seu tamanho, de crescimento orgânico com base em suas necessidades únicas, e em ritmo sustentável. Deve existir dentro dessa estrutura uma burocracia mínima viável, que é a quantidade de funções gerenciais e processos necessários para realizar a(s) função(ões) de uma organização, sem impedir a entrega de valor ao cliente.

Scrum de Scrums

Um Scrum de Scrums (*Scrum of Scrums* – SoS) opera da mesma maneira que um Scrum *Team*, satisfazendo todo o processo do time com versões em escala das responsabilidades, eventos e artefatos do Scrum. O *Guia do Scrum* define o tamanho ideal do time como sendo inferior a 10 pessoas.

Como um grupo dinâmico, os times que compõem o SoS são responsáveis por um conjunto totalmente integrado de incrementos de produto potencialmente entregáveis no fim de cada *sprint*. Idealmente, eles realizam todas as funções necessárias para liberar valor diretamente para os clientes.

Dependendo do tamanho de um desenvolvimento, mais de um SoS pode ser necessário para entregar um produto complexo. Nesses casos, um Scrum de Scrum de Scrums (SoSoS) pode ser criado a partir de vários Scrums de Scrums. Cada um deles terá versões escalonadas de cada função, artefatos e eventos do Scrum de Scrums.

Capítulo 7 | Scrum de Scrums

Figura 7.1 Representação do Scrum de Scrums (pentágonos).
Fonte: adaptada de Schwaber e Sutherland (2020).

Nos diagramas apresentados na Figura 7.1, os pentágonos desenhados em cinza-claro representam uma equipe. Optamos por representar o Scrum *Master* (SM) e o *Product Owner* (PO) como pentágonos menores. Para simplificar, o número de equipes e agrupamentos são simétricos. Eles são apenas exemplos, pois cada organograma pode ser muito diferente.

Se um SoS opera como um Scrum *Team*, então ele precisa escalar os eventos Scrum e as responsabilidades correspondentes nos times. Para coordenar o "como" em cada *sprint*, um SoS precisará manter versões em escala da *Daily Scrum* e da Retrospectiva da *sprint*, que será facilitada por um Scrum *Master* no time chamado Scrum dos Scrums *Master* (SoSM). Para coordenar o "o quê" em cada *sprint*, um SoS precisará de versões em escala da *Sprint Planning* e uma *Sprint Review*. O Refinamento do *Backlog* também precisará ser feito em escala, de forma contínua. Esses eventos devem ser facilitados por um *Chief Product Owner* (CPO).

A versão em escala da *Sprint Planning* é realizada com o time de *Product Owner* e os Scrum *Masters*. O time de POs obtém uma visão do que será entregue na *sprint* atual e os SM obtêm uma visão sobre a capacidade e os recursos técnicos. As funções de SoSM e CPO se transformam na liderança dos grupos, que conduzem seus ciclos correspondentes, satisfazendo os componentes do Scrum em Escala.

Em uma *Daily* Scrum Escalada (SDS), o SoS precisa entender o progresso coletivo e ser responsivo aos impedimentos levantados pelas equipes participantes. Portanto, pelo menos um representante de cada equipe participa de uma SDS. Qualquer pessoa pode participar e a quantidade de representantes de um time pode variar conforme necessário. O tempo de 15 minutos ou menos deve ser mantido, e é a oportunidade de descobrir como os times podem trabalhar em conjunto de forma mais efetiva para o objetivo da *sprint*.

O SoS mantém uma versão em escala da retrospectiva a cada *sprint*, na qual os Scrum *Masters* de cada time se reúnem e discutem quais implementações foram feitas para impulsionar a melhoria contínua e seus resultados. Além disso, eles devem discutir novas sugestões e como as melhorias bem-sucedidas podem ser aproveitadas por todos os times.

No Scrum, o estado ideal é que um Scrum *Team* tenha independência durante todo o caminho até a produção. Como tal, precisa de membros com todas as habilidades necessárias para ir da concepção à implantação. O SoS é um conjunto de vários times que replicam esse ideal em escala.

Ciclo dos Scrum *Masters* – coordenando o "como" fazer

A rede de Scrum *Master* (Scrum *Masters*, Scrum de Scrum *Masters* e o *Executive Action Team*) trabalha como um todo para implementar os componentes do Ciclo do Scrum *Master*. São eles: melhoria contínua e remoção de impedimentos, coordenação entre equipes para a criação de um produto compartilhado e, uma vez que o objetivo do Scrum de Scrums é funcionar como um único time, a forma como o produto é entregue se enquadra em seu escopo como um grupo.

Scrum de Scrums Master

O Scrum *Master* do SoS é chamado *Scrum of Scrums Master* (SoSM). Ele é um líder que atende aos times e à organização, entendendo as dependências entre times, incluindo aquelas fora do SoS, e permitindo a coordenação e comunicação entre as equipes.

O SoSM é responsável por dar a transparência de todo o processo do SoS, assim como do progresso de todos os times, e facilitar a priorização e a remoção de impedimentos, dando atenção especial às dependências entre times.

É, ainda, responsável por garantir que os eventos escalados ocorram, sejam produtivos, positivos e mantidos dentro do tempo. Ele pode ser um dos Scrum *Masters* de equipe ou uma pessoa especificamente dedicada a essa função, devendo coordenar, com o chefe dos *Product Owners* (CPO), a entrega do incremento de valor a cada *sprint*, bem como um plano para entregas com o time de POs.

No caso em que múltiplos Scrum de Scrums (SoS) são agrupados em um Scrum de Scrum de Scrums (SoSoS), então um Scrum de Scrum de Scrums *Master* (SoSoSM) é necessário para coordenar, a partir dessa perspectiva mais ampla.

Executive Action Team

O *Executive Action Team* (EAT) é um time que cumpre as responsabilidades do Scrum *Master* para uma organização ágil inteira. Esse time de liderança cria um ecossistema ágil que permite a implementação dos

Capítulo 7 | Scrum de Scrums

valores Scrum e garante a criação e suporte de todas as suas funções, eventos e artefatos. É responsável por remover impedimentos que não podem ser retirados por membros do Scrum de Scrums. Portanto, deve ser composta de indivíduos com poderes políticos e financeiros. O EAT tem a função de coordenar múltiplos Scrums de Scrums (ou redes mais amplas) e fazer a interface com quaisquer partes não ágeis da organização. Como em qualquer Time Scrum, ele precisa de um *Product Owner*, um Scrum *Master* e um *Backlog* transparente.

Ciclo dos *Product Owners* – coordenando "o quê" fazer

A rede de POs (os POs de cada time, os chefes dos POs e o *Executive MetaScrum*) trabalha como um todo para satisfazer os componentes exclusivos do Ciclo dos POs, sendo eles:

» a criação de uma visão de produto clara e alinhada com os objetivos da organização;
» a priorização e subdivisão de itens que são maiores em escopo do que o *backlog* de uma equipe individual em um *backlog* individual por time da melhor forma para entrega de valor; e
» a criação de um planejamento de entregas do produto prevendo as principais implantações de incrementos do produto ao cliente.

Time de Product Owner

Para cada SoS, há um *backlog* compartilhado que alimenta a rede de times. Para isso, é necessário um time de *Product Owner* (*PO Team*), incluindo um chefe dos *Product Owner* (CPO), que é o PO responsável pela rede de times. O foco principal do time de PO é garantir que as prioridades dos times individuais sigam um único caminho. Isso permite que eles coordenem as pendências de seus times individuais e construam o alinhamento com as partes interessadas e as necessidades dos clientes.

As principais funções desse time são:

» comunicar a visão abrangente do produto, deixando sempre as principais partes interessadas alinhadas;
» garantir o suporte à implementação de um *backlog* único e priorizado; e
» trabalhar em conjunto com o SoSM, com a finalidade de criar uma "definição de pronto" unificada para todos os times e o plano de entregas em produção.

O *Product Owner* de cada time é responsável pela composição e priorização do *backlog* da *sprint* do seu time, e pode retirar itens do *backlog* comum ou gerar itens independentes do *backlog* a seu critério, conforme necessário, para atender aos objetivos de negócios.

Chefe dos Product Owner

O chefe dos *Product Owner* (CPO) coordena as prioridades com o time de POs. Juntos, eles alinham as prioridades do *backlog* com as necessidades das partes interessadas e do cliente. O CPO pode ser um PO de um dos times, que também desempenha essa função, ou pode ser uma pessoa especificamente dedicada a ela. Suas principais responsabilidades são as mesmas de um *Product Owner* regular, agora em escala. Ou seja, tem por objetivo a definição da visão estratégica do produto, a criação de um *backlog* único priorizado e decidir as métricas para inspeção e *feedback* sobre o produto entregue.

O CPO, junto ao seu SoSM, é responsável pela entrega eficiente de incrementos do produto, de acordo com o Plano de Entregas.

Executive MetaScrum

Para cumprir a função de *Product Owner* para uma organização ágil, os CPOs se reúnem com os executivos e as principais partes interessadas em um evento chamado *Executive MetaScrum* (EMS). Esse é o fórum para expressar suas preferências ao time de POs, negociar prioridades, alterar orçamentos ou realinhar times para maximizar o valor do que será entregue. Em nenhum outro momento durante a *sprint* essas decisões devem ser tomadas.

No EMS, um grupo dinâmico de líderes define a visão organizacional e as prioridades estratégicas, alinhando todos os times em torno de objetivos comuns. Para ser eficaz, o CPO atua como facilitador e o PO de cada time (ou um representante) deve comparecer. Esse evento ocorre pelo menos uma vez por *sprint*, com o objetivo de garantir um *backlog* alinhado dentro do SoS. Idealmente, esse grupo de líderes opera como um Scrum *Team*.

No caso de implementações maiores, em que há vários SoS, pode haver vários MetaScrums, que têm seu *backlog* estratégico criado e priorizado em um MetaScrum Executivo.

Conectando os ciclos

Os ciclos se cruzam primeiramente na formulação do time escalado, e a partir desse ponto a responsabilidade pelo "o quê" e "como" se separa, até que o produto seja entregue. Os ciclos se conectam novamente nos *feedbacks*, em que a resposta do cliente ao produto é divulgada. Isso requer métricas para tomada de decisões empíricas, sobre quais são as adaptações necessárias para o próximo ciclo de entrega. As redes de POs e SMs trabalham juntas para cumprir as visões das entregas.

Planejamento das entregas

Uma vez que o objetivo do Scrum de Scrums é funcionar como uma única unidade e liberar juntos uma versão estável de um produto, a forma como este é entregue se enquadra em seu escopo como um grupo. A rede de POs formula a visão estratégica e comunica, tanto interna quanto externamente, todos os seus objetivos, determina o conteúdo do lançamento e o momento ideal para entregar o incremento aos clientes.

Quando várias equipes são necessárias para a criação de um produto compartilhado, se faz necessária a coordenação dos processos entre times relacionados, assim mitigando dependências e gerando um fluxo consistente de produtos de valor entregues ao cliente. Esse papel será exercido pela rede de SMs.

O planejamento das entregas pode abranger uma ou várias liberações do produto para um cliente. É um planejamento de longo prazo, que envolve a visão de mais uma *sprint*. Os objetivos do planejamento das entregas são:

» prever o cronograma de entrega dos principais incrementos e recursos do produto;
» comunicar as expectativas de entrega às partes interessadas;
» comunicar o impacto financeiro do cronograma de entrega.

Feedbacks de produto e versão

O *feedback* do produto é analisado pela rede de POs para impulsionar a sua melhoria contínua, a partir da atualização do(s) *backlog*(s) do produto. O *feedback* da versão é analisado pela rede de SMs para produzir a melhoria contínua dos processos de entrega. Os objetivos de se obter e analisar o *feedback* são:

» validar premissas;
» compreender como os clientes usam e interagem com o produto;
» capturar novas ideias e requisitos para novas funcionalidades.

Métricas e transparência

As métricas podem ser exclusivas para redes ou times específicos, bem como para funções específicas dentro desses times. O Scrum Escalado não requer nenhum conjunto específico de métricas, mas sugere que, no mínimo, a organização deva medir:

» **Produtividade**: por exemplo, uma mudança na quantidade de produto de trabalho e entregue por meio de uma *sprint*.
» **Entrega de valor**: por exemplo, valor entregue por unidade de esforço do time.

Gestão Híbrida de Projetos | Casos Práticos em Diferentes Contextos e Cenários

» **Qualidade**: por exemplo, taxa de defeito ou tempo de inatividade do serviço.
» **Sustentabilidade**: por exemplo, felicidade do time.

A total transparência é essencial para que o Scrum funcione de forma otimizada, dando à organização a capacidade de avaliar honestamente seu progresso e de inspecionar e adaptar seus produtos e processos.

Os objetivos de ter métricas e transparência são:

» fornecer o contexto apropriado para tomar decisões baseadas em dados;
» reduzir o tempo para tomada de decisão;
» agilizar o trabalho exigido pelos times, partes interessadas ou liderança.

Conclusão

O Scrum Escalado é projetado para aumentar a produtividade, fazendo com que uma organização inteira trabalhe sobre um mesmo modelo de fluxo de trabalho simplificado, em um ritmo sustentável, com uma melhor e mais rápida tomada de decisão, gerando maior valor aos clientes e à própria companhia.

CAPÍTULO 8
SCALED AGILE FRAMEWORK

Júnior Rodrigues

Com a evolução do uso da agilidade ao nível de times, os quais se espera que já tenham adotado previamente um *mindset*[1] ágil e uma abordagem que apoie a execução das atividades, começou-se a perceber a necessidade de trabalhar de forma mais eficaz para integrar diversos times com foco em um objetivo comum.

Com isso, surgiram algumas abordagens para ajudar as empresas a estruturarem uma maneira de criar a cadência e a sincronização necessárias para que os times pudessem trabalhar em conjunto, trazendo cerimônias, artefatos e papéis novos para o mundo da agilidade.

Uma dessas abordagens é o *Scaled Agile Framework* (SAFe), uma das mais utilizadas no mundo atualmente. Ele apoia o desenvolvimento do produto ao alinhar o que está sendo executado à estratégia organizacional e aos objetivos de negócio, tendo como foco principal a entrega do produto no menor tempo possível, com a maior qualidade e o máximo de valor para o negócio.

Se uma empresa começou a sentir a necessidade de escalar, supõe-se que já possui diversos times aderentes aos princípios e valores do Manifesto Ágil, e usam algum *framework* (Scrum) ou método (Kanban), sendo necessário integrá-los ou adicionar mais times.

Esse conceito de times trabalhando integrados com o foco em um mesmo produto é chamado *Agile Release Train* (ART), que são formados para ultrapassar os limites funcionais e eliminar transferências e etapas desnecessárias, implementando os princípios que o SAFe preconiza para que se colha os benefícios esperados.

---

[1] *Mindset* é uma palavra da língua inglesa que significa "mentalidade" ou "atitude mental".

Em adição, o *framework* coloca de maneira muito didática o que deve ser feito em um *roadmap*, embasado em 12 passos, como: criação dos trens (ART), definição do Fluxo de Valor (*Value Stream*), quais treinamentos e para quem devem ser ministrados etc.

Também é muito importante identificar os *Value Streams* que devem estar alinhados com a estratégia do negócio, bem como focar na sua estrutura, pois é preciso que existam outros times que atuem de maneira transversal apoiando os times de desenvolvimento.

O *framework* possui algumas versões que podem ser aplicadas de acordo com a estrutura da empresa e o objetivo que se quer alcançar, podendo ser usado em organizações de tamanhos diversos, possuindo assim uma grande aceitação no mercado:

» **Essential**: é a configuração mais básica e provê os elementos (papéis, artefatos, eventos e *mindset*) para se obter sucesso na implementação do *framework*, de forma que os ARTs possam entregar valor na integração dos times. Esses trens são a base do sucesso do SAFe e permitem a agilidade dos negócios, possuindo uma natureza duradoura e auto-organizada, com base no fluxo.

» **Large Solution**: essa configuração tem como base o *Essential SAFe*, no qual é adicionada a camada *Large Solution*. Esta traz uma conexão com a organização e o governo, sendo focada no *Solution Train*. Este contempla vários ARTs e fornecedores na especificação, desenvolvimento, implantação, operação e evolução de soluções de grande porte do mercado, descrevendo como aplicar os princípios e as práticas ágeis nesse processo.

» **Portfólio**: essa camada adicional representa o desenvolvimento da solução, sendo organizado, nessa configuração, em torno de um ou mais fluxos de valor, buscando alinhar a estratégia à operação da empresa, com o objetivo de alcançar, de forma efetiva, a Agilidade nos Negócios (*Business Agility*). Utiliza conceitos Lean para a definição de estratégia, investimento, portfólio e governança, focando em uma cultura de aprendizagem contínua e adaptação da organização conforme necessário.

» **Full**: é a mais completa das configurações do SAFe, pois considera todas as anteriores, e prevê a participação de centenas de pessoas atuando em conjunto nos diversos papéis existentes, a fim de garantir a integração em diversos níveis. Suporta o desenvolvimento de soluções grandes e integradas, para uma gama completa de ambientes de desenvolvimento e negócios.

Embora alguns papéis, artefatos e cerimônias mais elementares do mercado sejam usados também no *framework*, de acordo com o contexto e o time, é importante destacar as principais cerimônias do SAFe, tidas como responsáveis pelo sucesso em sua adoção:

Capítulo 8 | *Scaled Agile Framework*

» ***Product Increment Planning (PI Planning)***: é nessa sessão que todos compartilham conhecimentos, preocupações, soluções, identificam dependências etc., bem como entendem e discutem os objetivos que devem ser alcançados para o incremento do produto em questão.

» ***Innovation and Planning (IP)***: é uma iteração dedicada e realizada na última *sprint* de um *PI Planning*, no qual o time busca identificar como pode melhorar o nível técnico, a infraestrutura, as ferramentas e os treinamentos, inovar e aplicar novas tecnologias.

» ***Inspect and Adapt (I&A)***: a solução é apresentada nessa cerimônia e avaliada pelo trem, que busca identificar e eliminar desperdícios, dívidas técnicas e outros problemas, com foco em refletir e melhorar a entrega do time como um todo.

Conclusão

Para obter sucesso na adoção da escala, é muito importante que a empresa abrace os conceitos e princípios ágeis que o SAFe fornece, não somente adotando a estrutura e os papéis sem a correta compreensão de sua existência.

É preciso compreender que se trata de uma mudança de cultura e não apenas de implementação de um *framework* estruturado, para, a partir daí, buscar seguir os passos necessários, como foi descrito (p. ex., definir os *Value Streams*, implementar a cultura de *DevOps* etc.).

Dessa forma, adotando a estrutura mais aderente à sua realidade e cultura, a organização torna-se capaz de colher os benefícios do *framework*, alcançando a tão necessária agilidade organizacional para lidar com os desafios do mercado.

CAPÍTULO 9
LESS

Analia Irigoyen

A simplicidade é o principal foco do *framework* de escala do ágil LeSS. Larman e Vodde (2008) definem que escalar Scrum não significa criar estruturas e papéis, mas deixar o Scrum em escala ser executado somente pelos times.

Para que seja possível entender o LeSS, é importante que sejam entendidos seus principais componentes estruturais, sendo eles:

» princípios;
» estruturas (definidas pelas regras);
» guias;
» experimentos de LeSS.

Princípios

A estrutura do LeSS é definida somente pelas regras do Scrum, mas como essas regras no *Guia do Scrum* são minimalistas e, muitas vezes, deixam claro como aplicar o Scrum em um contexto específico de escala, os autores definiram em seu *framework* os princípios do LeSS. Os princípios são considerados um apoio ao entendimento das regras já existentes no Scrum em um contexto de escala. São eles:

» **Escalar Scrum é o Scrum**: os autores deixam claro que o LeSS não é um novo Scrum ou uma melhoria do Scrum; é uma explicação de como aplicar o propósito, os princípios, as regras e os elementos já existentes no Scrum em um contexto de grande escala. A ideia é que a escala seja realizada da maneira mais simples possível.
» **Transparência**: como no Scrum, a transparência é um dos pilares do LeSS. A definição dos itens "feitos" deve ser clara e tangível, os ciclos

são curtos e o trabalho é do time. A importância de estabelecer as regras de time com fundamentações comuns e a coragem (sem medo de errar) também está em destaque em ambos os *frameworks*.

» **Mais com menos**: fazer mais com menos simplifica ainda mais o processo de escala, já que as funções, os processos e os artefatos são os mesmos do Scrum, e o que muda é a adição de mais responsabilidades nos papéis do Scrum.

» **Foco no produto**: no LeSS, existe somente um *Product Backlog* e uma *sprint*: a gestão passa a ser de Produto e não de Portfólio. É ressaltada a importância de focar sempre nas entregas de valor para o cliente e, se fosse adotada uma divisão de *backlogs* com uma priorização isolada, não seria possível garantir que todos os times estivessem entregando itens de mais valor.

» **Foco no cliente**: é importante que a entrega de uma *sprint* represente as soluções de problemas reais de clientes. Com base no Lean, os autores ressaltam a importância da redução de desperdícios e do tempo de espera e do aumento do número de *feedbacks* com o cliente.

» **Melhoria contínua até que se alcance a perfeição**: o time deve focar na melhoria contínua e, segundo os autores Larman e Vodde (2008), com o foco em "criar e entregar um produto quase o tempo todo, praticamente sem custo, sem defeitos, que encante os clientes, melhore o ambiente e torne as nossas vidas melhores".

» **Pensamento Lean**: todos os princípios do Lean são mencionados no LeSS, destacando *Go See* ou *Go to Gemba* e a valorização e o respeito às pessoas.

» **Pensamento sistêmico**: ver, entender e otimizar todo o sistema (melhorias globais), usando a modelagem de sistemas para conhecer a dinâmica do seu e as relações de causa e efeito. Evitar ao máximo as melhorias locais, que possuem como foco a eficiência, ou a produtividade, de indivíduos e equipes individuais.

» **Controle de processo empírico**: inspecionar e adaptar o produto, os processos, os comportamentos, o *design* organizacional e as práticas do time de forma contínua. O lema desse princípio é "Erre rápido e conserte mais rápido ainda".

» **Teoria de filas**: o principal objetivo desse princípio é permitir o entendimento da Teoria das Filas e como sistemas e filas se comportam, e aplicar esses conceitos no gerenciamento do tamanho das filas, nos limites de trabalho em andamento (WIP), nos pacotes de trabalho e na variabilidade, principalmente.

A estrutura do LeSS cresce de forma orgânica e é organizada de acordo com o fluxo de valor do cliente. Essa estrutura organizacional é composta de: Scrum *Masters*, Comunidades de Prática, Times de Desenvolvimento e Times de Produto (*Feature Teams*).

Os guias e experimentos do LeSS estão disponíveis como lições aprendidas para que a Comunidade de Prática do LeSS troque experiências e evolua as adaptações aos contextos, regras e princípios.

O que muda quando escalamos o Scrum com LeSS?

Conforme ilustrado na Figura 9.1, os pontos principais das mudanças são:

» **Planejamento da *Sprint***: na fase 1 da cerimônia de Planejamento da *Sprint*, todos os times envolvidos participam para conhecer o que foi priorizado e realizar em conjunto a análise de prontidão e viabilidade (estimativas) de entrada para a *sprint*. Ao finalizar a análise dos critérios de *ready*, os times realizam a fase 2 da *Sprint Planning* de maneira independente com o conjunto de histórias acordadas e estimadas já no *Backlog* da *Sprint* (resultado da Reunião de Planejamento da fase 1).

» **Reunião diária**: apesar de poder ser realizada de forma independente pelos times, a participação de membros de outros times é saudável e recomendada, principalmente quando existe um nível de dependência maior do trabalho a ser feito na *sprint* entre os times.

» **Coordenação**: o LeSS indica diversas técnicas que podem ser utilizadas por qualquer membro do Scrum *Team* (favorecendo o autogerenciamento): Apenas Fale, Comunique-se no Código, Viajantes, Espaço Aberto e Comunidades de Prática (CoP) e de Excelência Técnica (CoE).

» **Refinamento de *Backlog* Geral**: é importante incluir todos os times e o *Product Owner* (PO) em reuniões de alinhamento de dependências e entendimento do que é possível ser feito por cada time (p. ex., considerando restrições técnicas). Normalmente são reuniões curtas.

» **Refinamento do *Backlog* do Produto (PBR)**: esse refinamento é obrigatório para cada time, mas pode ser feito com os outros times, caso seja necessário.

» **Revisão da *Sprint***: todos os membros dos times participam dessa reunião, garantindo um entendimento comum do que foi entregue e do que precisa ser melhorado no produto.

» **Retrospectiva geral**: essa é a única cerimônia considerada "nova", com duração de no máximo 45 minutos, e incluída pelo LeSS, que não existe no *Guia do Scrum*. A ideia dessa reunião é explorar melhorias no sistema como um todo, incluindo a integração entre os times. Os papéis presentes nessa reunião são: PO, SMs e representantes de cada time.

Gestão Híbrida de Projetos | Casos Práticos em Diferentes Contextos e Cenários

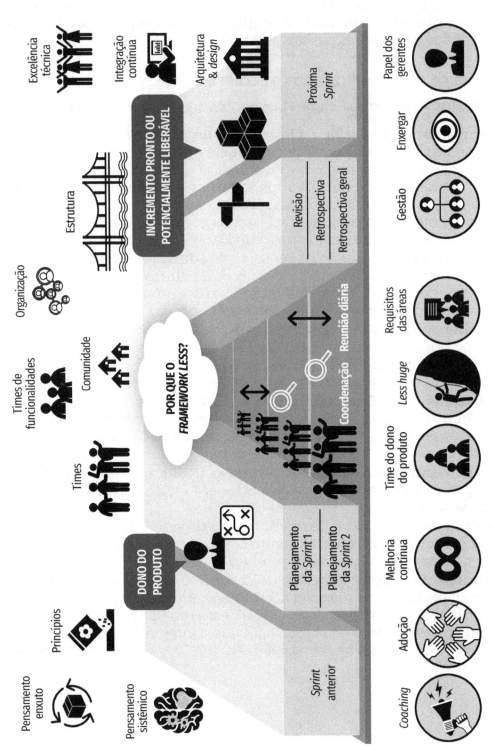

Figura 9.1 *Framework* LeSS.
Fonte: adaptada de LeSS (s.d.).

Capítulo 9 | LeSS

Conclusão

Segundo o artigo *Why LeSS*? (LESS, s.d.), o escalonamento do Scrum usando o LeSS demanda entendimento profundo do próprio *framework* Scrum pela equipe e por todos que estarão envolvidos no escalonamento, além da mudança na estrutura organizacional, já que os papéis no Scrum são mandatórios e exercem funções que são bem diferentes do ciclo preditivo.

PARTE III
PRINCIPAIS CONCEITOS DE GESTÃO HÍBRIDA

Aos poucos, a Gestão Híbrida foi sendo adotada por profissionais em busca dos resultados da Agilidade em organizações nas quais não era possível a completa adoção das práticas ágeis por causa das políticas normativas e pelo natural tempo necessário para o amadurecimento das melhores práticas nas organizações com vistas à efetiva entrega de valor.

Esta parte do livro tem o objetivo de introduzir os conceitos de Gestão Híbrida que foram explicitados na 7ª edição do *PMBOK*® e no *Disciplined Agile*® (DA™).

CAPÍTULO 10
ONDE ESTAMOS E POR QUE GESTÃO HÍBRIDA?

Alexandre Caramelo
Luciano Sales
João Sousa
Roberto Blanco
Antonio Santos

Qualquer organização, independentemente de porte ou setor, é impactada por mudanças ditadas pela Economia Digital (TAPSCOTT, 1997; WEBB, 2019) em maior ou menor grau. Esse cenário faz com que grandes organizações tradicionais tenham que considerar esses aspectos e introduzir uma agenda de mudanças, sendo necessário, em alguns casos, que estas se reinventem e se transformem. Entretanto, essas organizações tendem a ser mais complexas em razão das suas estruturas e multiplicidade de negócios e serviços. Elas normalmente possuem uma cultura sedimentada ao longo de anos de existência, e mudanças nesse cenário são difíceis de realizar e de serem bem-sucedidas.

A área de Tecnologia da Informação (TI) está no centro dessas mudanças. Impacta e é fortemente impactada por elas. O tão falado Movimento Ágil foi uma reação natural a essas novas tendências. O modelo taylorista, analítico e prescritivo, não se mostrava eficiente para a nova realidade.

Em um primeiro momento, as iniciativas isoladas de seus propositores foram lentamente se ampliando pelas organizações, com foco local nos times de desenvolvimento, sem escala. Com o passar do tempo, começou-se também a abordar o desenvolvimento de produtos (*Lean Startup*, *Design Thinking*, *Customer Experience*...) e, aos poucos, foi adotado para outras áreas das organizações, ganhando escala mais ainda com o foco interno. Isso não significa escalar para todos os departamentos da organização, e sim focar nos serviços oferecidos ao mercado e todo o ecossistema de negócios. Não se trata mais somente de operacionalização de métodos e práticas. A abordagem envolve principalmente a estratégia de como realizar as transformações necessárias, o que o *Business Agility* (BUSINESS AGILITY INSTITUTE, 2021) trouxe em discussão.

Com todo esse histórico, a área de TI tem assumido a liderança na condução dessas transformações e, por isso, as empresas necessitam de um ponto de partida. Para isso, propostas têm surgido, sendo difundidas e aplicadas.

A estratégia para realizar essas transformações deve considerar as características de cada empresa. Empresas preditivas, com restrições de *compliance* ou com estruturas hierarquizadas, podem fazer uso de uma Gestão Híbrida, que procura equilibrar práticas ágeis com a necessidade de manutenção de alguns controles ou estruturas preexistentes.

Para Ambler e Lines (2020), escalar é uma prática difícil e, mais ainda, quando consideramos ambientes, por exemplo, com equipes pequenas ou contextos diferenciados.

Além disso, o tamanho da equipe é apenas um dos seis fatores de escala que um empreendimento pode precisar enfrentar, sendo os outros a distribuição geográfica, a complexidade do domínio da aplicação, a complexidade técnica, a estrutura organizacional e as questões regulatórias, conforme traz o *Situation Context Framework* (SCF) ou quadro de contexto da situação, detalhado no Capítulo 11.

Embora vários estudos argumentem que as abordagens híbridas são utilizadas em razão da relutância das organizações em adotar as práticas ágeis, pode-se observar diversos casos em que a implementação de abordagens híbridas também é uma tentativa de enfrentar os vários desafios de um projeto, como a busca de equilíbrio entre a atuação da camada de gestão e a camada de desenvolvimento.

Para Kuhrmann *et al.* (2017), um desafio específico a ser explorado nas abordagens híbridas é a escalabilidade dos métodos ágeis. Ou seja, uma estrutura híbrida garante um aumento da flexibilidade em projetos de grande porte e programas, pois permite certo equilíbrio entre uma estrutura de comando e controle (mais preditiva) e uma estrutura de decisão distribuída (mais adaptativa).

Por fim, outro ponto importante a ser considerado é a natureza multifacetada da Gestão Híbrida que, embora tenha sido concebida e impulsionada pela área de TI, encontrou terreno fértil rapidamente em diversas indústrias, dada a versatilidade que confere aos seus praticantes. A contribuição da Gestão Híbrida se dá tanto no aspecto das possibilidades de abordagem mais assertivas aos diferentes tipos de iniciativa, quer sejam projetos, desenvolvimento de produtos, programas ou novos serviços, quanto naquilo que propicia a governança da organização que passa a ter parâmetros mais coerentes de alinhamento e cadência nos níveis estratégico, tático e operacional. Isso se deve ao fato de que o ciclo de vida de qualquer iniciativa pode ser estruturado de diversas formas.

As abordagens preditivas e adaptativas, portanto, coexistem por meio de estratégias em que ambas podem ser articuladas de maneira sequencial ao longo das fases ou de forma simultânea em entregas distintas. Ou seja, em determinados cenários, uma iniciativa pode ser predominantemente preditiva, tendo em sua EAP (estrutura analítica de projeto) algo que se beneficia grandemente da abordagem adaptativa. O contrário também é verdade, pois em dados cenários, onde a perspectiva adaptativa é evidentemente a escolha mais apropriada (como no caso de um programa de transformação digital em uma grande organização), algumas entregas precisam ser detalhadas em seu planejamento, dada a estabilidade dos requisitos e a solidez dos objetivos daquela pequena entrega intermediária em específico (PMI, 2017). Na Figura 10.1, é possível compreender a variedade de opções em que a Gestão Híbrida ganha contornos e relevância frente aos desafios atuais em que as organizações de praticamente todos os setores estão imersas em crescentes complexidades e incertezas.

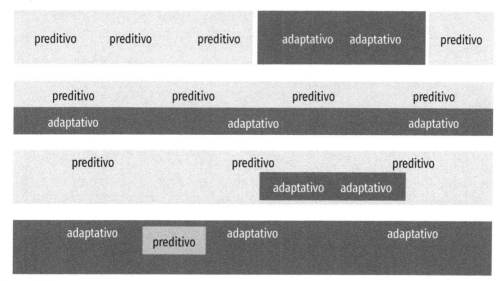

Figura 10.1
Fonte: adaptada de PMI (2017).

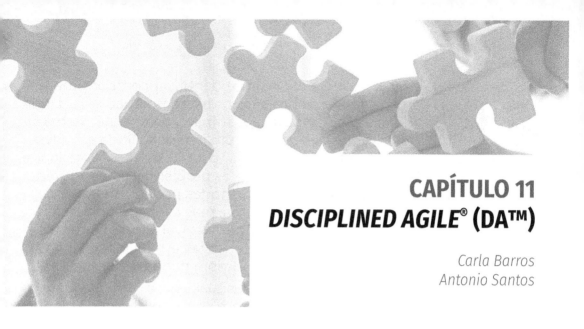

CAPÍTULO 11
DISCIPLINED AGILE® (DA™)

Carla Barros
Antonio Santos

Importância de valores, princípios e cultura e da adaptação na agilidade

Uma economia globalizada gera riscos e oportunidades para todos, em especial para as organizações que, diante dessas mudanças em nível global, têm maior exigência de antecipar entregas, ser capaz de adaptar-se, inovar-se e entregar valor aos clientes. Nesse contexto, as organizações buscam cada vez mais alcançar a agilidade de negócios (BUSINESS AGILITY INSTITUTE, 2021).

A agilidade de negócios é a capacidade de uma organização em responder com rapidez e flexibilidade às solicitações dos clientes, bem como ter um *mindset* de crescimento orientado ao sucesso, de modo a se adaptar rapidamente às alterações do mercado, com o objetivo de estar continuamente em vantagem competitiva.

O conceito moderno de *mindset* associado ao sucesso e ao aprendizado foi criado pela psicóloga e professora da Stanford University, Carol Dweck. Em 2006, Carol popularizou o termo **mindset** em seu livro *Mindset: the new psychology of success* (*Mindset*: a nova psicologia do sucesso).

No referido livro, a autora distinguiu os *mindsets* entre uma "mentalidade fixa" e uma "mentalidade de crescimento". A mentalidade fixa era aquela em que a pessoa determinava: "(...) acredito que minha inteligência, personalidade, caráter são fixos e obsoletos. Meu potencial é determinado no momento do meu nascimento. Ele não pode ser alterado". Por outro lado, uma mentalidade de crescimento era aquela em que o indivíduo afirmava: "(...) acredito que meu sucesso se baseia em trabalho duro, aprendizado, treinamento, resiliência e determinação". Pessoas que possuem mentalidade de crescimento acreditam que errar é uma etapa do desenvolvimento pessoal e profissional porque, ao errar, se consegue identificar os pontos positivos do processo e entender como transformar o que não deu certo.

Gestão Híbrida de Projetos | Casos Práticos em Diferentes Contextos e Cenários

Com base na pesquisa de Carol Dweck – identificar comportamentos característicos de cada grupo frente a determinadas situações –, Linda Rising, PhD em Ciência da Computação, ampliou o conceito de *mindset* de crescimento a empresas, equipes e profissionais. Linda associou a mentalidade de crescimento da professora Carol Dweck à "mentalidade ágil", uma atitude que iguala o fracasso e os problemas às oportunidades de aprendizagem, uma crença de que todos podem melhorar com o tempo e que as habilidades não são fixas, mas evoluem com esforço. O *mindset* ágil coloca a inteligência como algo flexível. Todos nascem com um conjunto predeterminado de características e habilidades, porém, quaisquer que sejam essas habilidades, sempre podem aprimorá-las.

Linda defende, ainda, que, embora haja situações em nossas vidas em que somos dominados pelo *mindset* fixo e outras em que o *mindset* ágil assume, todos têm predominantemente um ou o outro perfil. Dessa forma, pode-se classificar qualquer pessoa como pertencendo a um dos dois grupos. Para Linda, nenhum indivíduo tem um *mindset* puramente fixo ou de crescimento; tudo é uma questão de quanto cada um tem das duas tendências e de evolução.

Por outro lado, quando se analisa as empresas, percebe-se que a maioria delas, definitivamente, ainda tem *mindset* fixo. Para exemplificar, Linda Rising cita o caso da Enron Corporate. Na Enron, existia um processo chamado *rank and yank*, que consistia em avaliar constantemente as pessoas e rotulá-las como sendo boas ou ruins. Os que estavam abaixo da média, os "ruins", eram demitidos e realizava-se novas contratações. Após a contratação dos novos, os "bons" que estavam no topo poderiam cair na classificação. A consequência dessas ações era uma empresa inteira com um *mindset* fixo, no qual seus colaboradores faziam tudo o que fosse necessário para parecerem "bons", inclusive sabotar, empurrar a empresa inteira para baixo, mentir, trapacear e roubar. Em 2001, a Enron decretou falência, com uma dívida de 13 bilhões de dólares e envolvimento em diversas denúncias de fraudes fiscais e contábeis.

Do lado oposto, como exemplo de empresa de *mindset* ágil, Linda cita a Southwest Airlines, companhia aérea amplamente reconhecida e alvo de diversas pesquisas e estudos de caso por seu modelo de negócio pioneiro e revolucionário. A Southwest não contrata pessoas com base no quão inteligentes elas são ou em quais títulos elas possuem. Eles procuram atitude. "Você é alguém que normalmente está aberto a mudanças? Você está disposto a aprender? Você quer tentar ser melhor com o tempo? Você quer tentar nos ajudar a sermos melhores com o tempo?".

Empresas como a Southwest promovem o *mindset* ágil em todos os níveis. Empresas assim possuem seus objetivos e sua visão compartilhados de modo a manter as pessoas emocional e pessoalmente en-

Capítulo 11 | *Disciplined Agile®* (DA™)

volvidas; conduzem retrospectivas de modo a estarem continuamente aprendendo; organizam-se em equipes capacitadas, multifuncionais e autogeridas, com total responsabilidade para descobrir soluções e fornecer resultados excepcionais (*delight customers*); trabalham para tomar decisões rápidas e executar muitos ciclos de aprendizagem para administrar as incertezas em ambientes em constante mutação; e promovem o envolvimento e a cultura organizacional, colocando as pessoas no centro das decisões, criando, desse modo, valor.

As organizações que incorporam uma mentalidade de crescimento estão comprometidas com o crescimento de todos os colaboradores, com oportunidades de desenvolvimento e promoção amplamente disponíveis. Quando organizações adotam esse tipo de mentalidade, seus colaboradores sentem-se muito mais empoderados e comprometidos, como também recebem apoio organizacional muito maior para colaboração e inovação.

Ser uma empresa que pensa com um *mindset* ágil é fomentar a cultura do crescimento nas empresas. Portanto, para adotar o *mindset* ágil, é crucial entender que o aprendizado será o que guiará os colaboradores, a organização e todos os demais fatores relacionados à produtividade. Para as empresas que querem continuar potentes amanhã, o aprendizado será o fator gerador de produtividade.

Nesta lógica, a mentalidade ágil enxerga sempre a oportunidade de identificar os erros e aprender com eles. Assim, quando os profissionais se adaptam facilmente aos novos cenários, eles estão preparados para fazer a mudança acontecer.

Consequentemente, no cenário de globalização, inovação e transformações econômicas, a gestão denominada preditiva (serial ou cascata), fundamentada em hierarquização e burocratização (*process-based*, conformidade etc.), revelou-se não ser suficiente para dar todas as respostas a um mercado ágil e global, o que incentivou a procura e a criação de novos *frameworks*, metodologias, entre outros. A gestão ágil, originada a partir de 2001, ganha cada vez mais força e valor de mercado. Esse tipo de gestão é assentado em equipes autônomas, auto-organizáveis e em princípios, não mais em processos, em que o planejamento e o escopo são adequados consoante às demandas do mercado. Contudo, em virtude de cenários, organizações e modelos de negócio cada vez mais complexos, metodologias e *frameworks* "prontos" não parecem ser suficientes para responder à tamanha complexidade.

Inspirado nesse cenário, em 2009, Scott Ambler e Mark Lines, da IBM, criaram o *Disciplined Agile® Delivery* (DAD), uma abordagem flexível que permite a utilização híbrida de abordagens. Esse foi o princípio do que hoje conhecemos por DA™.

O que é *Disciplined Agile®* e o que ele propõe?

Apresentado na forma de um *kit* de ferramentas (*toolkit*), o *Disciplined Agile®* (DA™) é uma abordagem híbrida, *lean* e adaptável, que tem nos seus princípios o Ágil e o Lean. Oferece uma orientação simples e direta para apoiar equipes e organizações a aumentarem a eficácia, adaptarem-se e a otimizarem seus processos, métodos e estruturas, de acordo com as necessidades exclusivas de cada contexto: escolhendo sua forma de trabalhar (*Way of Working* – WoW).

O DA™ adota estratégias, métodos e estruturas de processos de *software*, além de estratégias como *DevOps*, Scrum, Kanban, *Extreme Programming*, SAFe, *Guia PMBOK®*, *Agile Data*, DSDM e outras. Metaforicamente, pode-se afirmar que essas práticas e estratégias são os tijolos do processo, e o DA™ é a argamassa para encaixar os tijolos de maneira eficaz.

O DA™ surge como uma abordagem orientada à decisão de processo, que coloca os indivíduos em primeiro lugar (*people-first*) e concentra-se nas decisões que precisam ser consideradas, nas opções disponíveis e nas compensações (*trade-off*) associadas a essas opções. Posto isto, para que as equipes possam utilizar o DA™, elas devem, primeiramente, entender qual é o contexto no qual estão inseridas e, depois, escolher as ferramentas mais indicadas, suas vantagens e desvantagens, acelerando e ajustando a decisão de qual caminho tomar. Isso porque, no decorrer dos projetos, pode acontecer de as equipes terem que se adaptar constantemente em virtude de alterações de cenários, e a ferramenta ou o método selecionado anteriormente poderá vir a tornar-se fator restritivo ao seu desempenho.

Assim, as equipes DA™ deverão ter uma mentalidade de crescimento ou ágil, pois precisam sempre estar dispostas a aprender com as suas experiências, o que resultará em mudanças e evoluções na maneira como trabalham, afetando outras equipes que aprenderão e evoluirão, e assim por diante. Para tal, o DA™ fornece orientação direta e prática para ajudar as equipes a desenvolverem sua maneira de trabalhar (WoW) de maneira sensível ao contexto em suas jornadas de busca pela agilidade. O DA™ chama isso de *Evolve Your WoW*, isto é, evoluir a sua forma de trabalhar.

Relação entre DA™ e *mindset* ágil

Segundo Rising (2014), as organizações, de forma a poderem selecionar e evoluir seu modo de trabalhar, devem promover um *mindset* de crescimento ou ágil entre seus colaboradores, portanto, precisam fomentar o aprendizado de todos. Isso quer dizer que precisam incentivar as suas equipes, para que aprendam com os erros e fracassos, e com os resultados do seu dia a dia. A cultura do aprendizado deve ser transversal e constante. Assim, é crucial ter metas e aprender com elas.

Capítulo 11 | *Disciplined Agile®* (DA™)

As equipes que possuem *mindset* ágil veem a falha como uma oportunidade de crescimento, de aprendizado. Para aprender, é necessário repetir inúmeras vezes e praticar até dominar, o que requer muito esforço e resiliência.[2] A reação e adaptação a resultados ruins ou situações desconfortantes é fundamental para a criação de um *mindset* ágil. De igual modo, a recém-lançada 7ª edição do *Guia PMBOK* traz em seus princípios e domínios de desempenho aspectos que favorecem os times que necessitam compreender seu contexto e adaptar seus modelos, métodos e artefatos, dentro do que o guia denomina *tayloring* (ou customização). Em essência, a customização traduz o *mindset* ágil para o dia a dia das equipes, independentemente da abordagem escolhida para a iniciativa em questão, ao pavimentar a adaptação ao contexto.

O *mindset* ágil está no núcleo do *mindset* do DA™, assim como na 7ª edição do *Guia PMBOK*. A mentalidade do DA™ é mais do que uma mentalidade. Inclui valores, princípios e práticas diferentes, mas o mais importante são a inteligência humana, a sensibilidade e os valores que estão direcionando esses processos, práticas e sistemas. O *mindset* do DA™ é formado por princípios, compromissos e diretrizes. As equipes que adotam o DA™ acreditam nos princípios, portanto, prometem adotar os comportamentos integrados no DA™ e seguir as diretrizes ao fazê-lo, conforme a Figura 11.1.

» **Princípios**: os princípios fornecem uma base filosófica para a agilidade nos negócios. Eles são fundamentados em conceitos *lean* e fluxo de valor.

» **Compromissos**: os compromissos são acordos feitos com *stakeholders*, equipes e outros intervenientes dentro da organização, e definem um conjunto de comportamentos disciplinados que permitem aos profissionais colaborar de forma eficaz e profissional.

» **Diretrizes**: essas diretrizes orientam os profissionais a serem mais eficazes na forma deles trabalharem, e a melhorar os seus WoW ao longo do tempo.

Os princípios do DA™ fundamentam e direcionam a mentalidade das equipes e organizações que procuram escalar a Agilidade na sua totalidade e, portanto, conectam-se de forma direta aos princípios da 7ª edição do *Guia PMBOK*. Os princípios do DA™ reforçam-se e afirmam-se mutuamente.

---

[2] Segundo a Psicologia, resiliência é a capacidade de o indivíduo lidar com problemas, adaptar-se a mudanças, superar obstáculos ou resistir à pressão de situações adversas sem entrar em surto psicológico, emocional ou físico, encontrando soluções estratégicas para enfrentar e superar as adversidades.

Gestão Híbrida de Projetos | Casos Práticos em Diferentes Contextos e Cenários

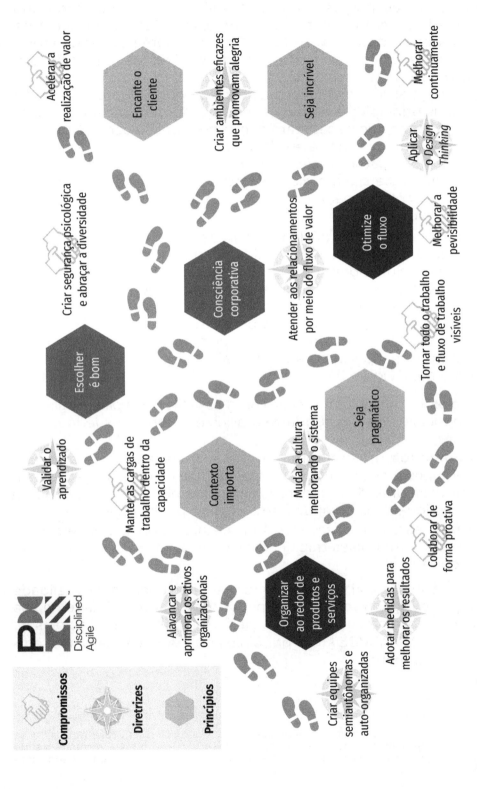

Figura 11.1 Princípios do DA™.
Fonte: adaptada de Ambler e Lines (2020).

O princípio "Encante o cliente" é o que denota que o foco seja mantido nos clientes. As equipes de DA™ acreditam em atender às necessidades de longo prazo da organização e em encantar os clientes.

Os princípios "Contexto importa", "Seja pragmático" e "Escolher é bom" corroboram a ideia central do DA™, de que não é possível que um *framework* prescritivo se encaixe em todos os contextos, principalmente naqueles de maior complexidade, e que devem ser fornecidas estratégias para que as organizações possam escolher as melhores ferramentas, dado determinado contexto.

As equipes DA™ são pragmáticas porque seu objetivo não é ser ágil, e sim o mais eficaz possível, adotando estratégias ágeis, *lean* ou mesmo preditivas que fizerem sentido para o contexto, tendo como foco o aprendizado contínuo e a entrega de valor ao cliente, satisfazendo-os.

Uma empresa é um sistema adaptativo complexo (CAS). Um CAS é um sistema em que uma compreensão perfeita das partes individuais não transmite automaticamente uma compreensão perfeita de todo o comportamento do sistema. Posto isto, as equipes individuais continuam a trabalhar no sentido de "encantar os clientes". Organizações são adaptáveis porque os indivíduos e equipes se auto-organizam, aprendem com suas experiências e com as experiências de outros.

O DA™ prospera quando sua organização adota o fato de que é um CAS. O DA™ trata de auto-organização, melhoria e colaboração, entre outras coisas. Cada uma das equipes auto-organizadas é dona de seu processo, e esse processo evolui à medida que a equipe aprende com suas experiências. Mudanças na maneira como uma equipe trabalha potencialmente impactarão as demais com as quais ela interage; essas equipes aprenderão e evoluirão, o que potencialmente impactará outras equipes, e assim por diante.

Estrutura do DA™ e o que ela veio contribuir para o *mindset* ágil

O DA™ é composto de quatro camadas (*blades*): fundação ou fundamentos, *DevOps*, fluxos de valor e empresa ágil. Cada camada representa uma parte da organização, o que significa que a estrutura do DA™ engloba toda a estrutura organizacional das empresas. Portanto, as organizações que adotam o DA™ trabalham com uma mentalidade de aprendizado de forma transversal – nos negócios convencionais e nos processos básicos *lean* e ágeis –, para impulsionar a inovação em todas as suas camadas.

A camada "Fundamentos" ou "Fundação" explicita a natureza híbrida do DA™ quando indica que as estratégias Ágil, Lean e Serial (preditiva) são aspectos fundamentais e estão na base da estrutura do DA™. A partir da diversidade dos fundamentos, é possível perceber uma infinidade de "melodias" que se ajustam aos diferentes contextos organizacionais.

Gestão Híbrida de Projetos | Casos Práticos em Diferentes Contextos e Cenários

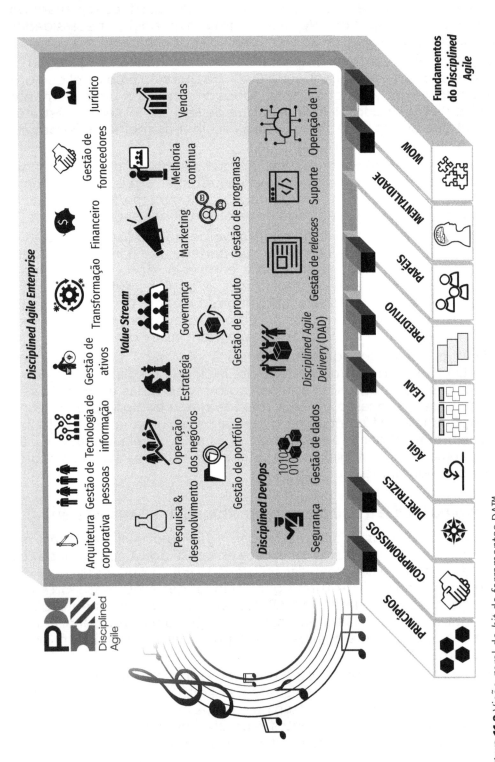

Figura 11.2 Visão geral do *kit* de ferramentas DA™. Fonte: adaptada de Ambler e Lines (2020).

Capítulo 11 | *Disciplined Agile®* (DA™)

A camada *Disciplined Agile Enterprise* (DAE) representa a camada mais alta da organização, responsável, entre outros itens, pela definição da cultura organizacional e pelo desenvolvimento de uma mentalidade fixa ou de crescimento nos seus colaboradores. Isso significa que a cultura organizacional da empresa é um dos fatores mais importantes para o sucesso da Agilidade nos negócios de forma transversal. A organização, em seu todo, precisa de pessoas que se esforçam para "ser incrível", atuando com "consciência corporativa" para "encantar o cliente", melhorando continuamente para que a inovação e a Agilidade façam parte do DNA dos colaboradores.

Cada organização não é apenas diferente, mas também evolui com o tempo. Como o ambiente evolui rapidamente e de maneiras imprevisíveis, as organizações devem estar dispostas a experimentar e a mudar continuamente a estratégia selecionada para "otimizar o fluxo", razão pela qual é importante que se escolham as estratégias que refletem a situação atual para ser eficaz. A ideia central é que os DAEs seguem uma abordagem adaptativa e orientada para os resultados, que se baseia na experimentação e sondagem (ou detecção) de seu ambiente e, em seguida, na resposta, sempre com foco em "encantar o cliente".

De forma que possa ser possível a implantação do DA™ em toda a cadeia organizacional, com uma cultura de crescimento e adaptação, é necessário que a camada *Disciplined DevOps* esteja implementada com o objetivo de otimizar, simplificar e suportar as entregas de valor, qualquer que seja o ciclo de vida adequado para o negócio da organização.

O *Disciplined Agile® Delivery* (DAD) é uma abordagem híbrida ágil, orientada para o aprendizado e voltada à entrega de soluções de TI. Ele tem um ciclo de vida de entrega orientado a risco, é escalável e faz parte da camada *Disciplined DevOps*.

O DAD descreve como todas as técnicas ágeis se encaixam, indo além do Scrum, para definir um ciclo de vida completo de entrega de solução ágil. Ao contrário do Scrum, ele aborda outros aspectos importantes do desenvolvimento de *software*, como arquitetura, *design*, teste, programação, documentação, implantação e muito mais, fornecendo uma compreensão muito mais ampla de como o desenvolvimento ágil funciona na prática.

O DAD é pragmático, permitindo que equipes e organizações adaptem facilmente uma estratégia que reflita a situação em que se encontram. Ele apoia formas de trabalho *lean* e ágeis (WoW), oferecendo suporte a vários ciclos de vida de entrega.

Assim como as metodologias ágeis, o DA™ é embasado no empirismo, apresentando, em geral, as estratégias comprovadas e adotadas por organizações, descrevendo os pontos fortes e fracos de cada uma, e orientando quando as aplicar ou não.

O DA™ fornece uma base sólida para escalar o Ágil, apoiando o dimensionamento bem-sucedido de técnicas Ágeis e Lean de várias maneiras. Isso pode ser comprovado pelos ciclos de vida existentes no DA™, pela abordagem orientada por objetivos que fornece a flexibilidade necessária para personalizar o processo ágil. Nesse sentido, o próprio DAD baseia-se em muitos conceitos básicos necessários em escala, incluindo o *DevOps*, governança ágil explícita e consciência corporativa.

O DA™, assim como equipes e organizações com mentalidade ágil, está em constante evolução, aprendendo como profissionais e experimentando novas estratégias ágeis e Lean.

Poder de escolha dos times no DA™ e sua importância para a adaptação do *Agile*

Um dos princípios do *Disciplined Agile*® (DA™) é o "Contexto conta", isto é, cada pessoa é única, com seu próprio conjunto de habilidades, preferências de estilo de trabalho, objetivos de carreira e estilos de aprendizado. Cada equipe é única não só porque é composta de pessoas únicas, mas também porque enfrenta uma situação única. Cada organização também é única. Tais constatações – de que pessoas, equipes e organizações são únicas – remetem à ideia crítica de que o processo e a estrutura organizacional de cada uma devem ser ajustados para a situação que enfrentam.

Assim, conforme o contexto em que enfrentam, equipes e organizações que utilizam o DA™ têm a opção de escolher as ferramentas e os ciclos de vida mais apropriados, bem como o seu WoW.

O DA™ organiza em duas categorias os fatores que devem ser levados em consideração, em relação ao contexto da equipe ou da organização:

» **Fatores de seleção**: orientam as escolhas iniciais em torno da maneira de trabalhar de alto nível (WoW) e, em particular, a escolha do ciclo de vida inicial.

» **Fatores de escala**: orientam as decisões detalhadas sobre o WoW de cada equipe.

O gráfico proposto por Ambler e Lines (2020) descreve os fatores de escala, como tamanho do time, distribuição geográfica, distribuição organizacional, disponibilidade das competências, *compliance*, complexidade da solução e domínio de complexidade.

Partindo de um ponto central até o nome da escala, podemos observar os fatores que compõem o percurso de cada uma. Quanto mais longe a sua equipe ou organização está do centro do gráfico, maior será o risco enfrentado, ou seja, mais complexo é o contexto. Por exemplo, é muito mais arriscado terceirizar do que construir sua própria equipe interna.

Dessa forma, o primeiro passo para construir a WoW das organizações e equipes é identificar graficamente onde cada uma está e, de acordo com o contexto, escolher a sua forma de trabalhar. Por conseguinte, qualquer pessoa que interaja com várias equipes precisa ser flexível o suficiente para trabalhar com cada uma delas de maneira adequada.

Os fatores de contexto são interdependentes. Por exemplo, à medida que as habilidades dos membros da equipe aumentam, o tamanho da equipe necessária para resolver o problema enfrentado pode diminuir, bem como a possibilidade de as culturas organizacional e da equipe afetarem umas às outras, sendo estas últimas variáveis de acordo com a distribuição da organização.

Portanto, como o DA™ baseia-se em aprendizagem contínua, em que organizações e equipes devem ter uma mentalidade de crescimento, tal fato permite que estejam continuamente aptas a reavaliar o WoW escolhido e mudar o caminho ou as opções previamente selecionadas sempre que necessário.

Ciclos de vida do *Disciplined Agile®*

No processo da adoção do DA™ em algumas das organizações, a liderança sênior e a gestão intermediária relutam em permitir que as equipes escolham sua forma de trabalhar (WoW), porque a mentalidade da gestão tradicional preconiza que as equipes precisam seguir o mesmo "processo repetível" para que possam ser supervisionadas. Então, de modo a conciliar flexibilidade, agilidade e adaptação, com controle e supervisão, o DA™ introduz marcos consistentes, leves e opcionais com base em risco, não mais embasado em artefatos, riscos estes endereçados por equipes, conforme apropriado, de modo a fornecer à liderança visibilidade e pontos de colaboração sobre as equipes que supervisionam.

Com a adoção de marcos comuns fundamentados em risco ao longo dos ciclos de vida (igualmente presentes na 7ª edição do *Guia PMBOK*), é possível ter governança comum entre as equipes sem impor um processo comum, sendo de mais fácil adoção tanto por profissionais com uma mentalidade ágil como por profissionais mais adeptos às metodologias preditivas.

Os marcos e riscos associados, contemplados pelo DA™, são:

» **Visão dos *stakeholders***: garantir que a equipe obtenha o acordo das partes interessadas de que a iniciativa faz sentido e deve continuar na fase de Construção.
» **Arquitetura confirmada**: garantir que a arquitetura da solução planejada atende às necessidades da organização.
» **Viabilidade contínua**: marco opcional. É um ponto de verificação para garantir às partes interessadas que a equipe está a trabalhar em direção à visão acordada no fim do início.

» **Funcionalidade suficiente**: esse marco é alcançado no fim da fase de Construção, quando um MBI (uma entrega que contém todas as partes necessárias para que seja possível gerar valor ao cliente) está disponível. Um MBI é a menor parte da funcionalidade que pode ser entregue, focado na realização de valor.
» **Pronto para produção**: esse marco objetiva verificar e decidir se a solução está pronta para produção.
» **Cliente encantado**: nesse marco, é necessário verificar se os *stakeholders* estão satisfeitos com as entregas realizadas.

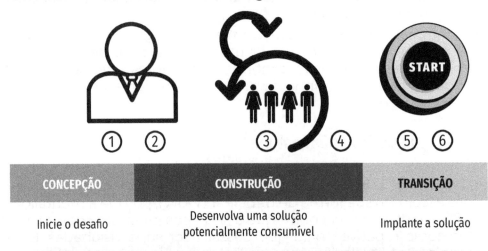

Marco	Questão fundamental
① Visão dos *stakeholders*	Os *stakeholders* concordam com a sua estratégia?
② Arquitetura confirmada	Você consegue construir?
③ Viabilidade contínua	O esforço ainda faz sentido?
④ Funcionalidade suficiente	Faz sentido liberar essa versão da solução?
⑤ Pronto para a produção	A solução vai funcionar em produção?
⑥ Cliente encantado	Os *stakeholders* estão felizes com a solução entregue?

Figura 11.3 Marcos dos ciclos de vida.
Fonte: adaptada de Ambler e Lines (2020).

O DA™ divide os ciclos de vida de um projeto/produto em três fases: Concepção (*inception*), Construção (*construction*) e Transição (*transition*). Na fase de Concepção, realizam-se algumas atividades de planejamento,

Capítulo 11 | *Disciplined Agile®* (DA™)

de visão muito leve para enquadrar o projeto/produto corretamente. Na fase de Construção, será produzida uma solução potencialmente consumível de forma incremental, por meio de um conjunto de iterações ou por meio de uma abordagem de fluxo contínuo e *lean*. Na fase de Transição, planeja-se qual será o esforço para agilizar os processos de implantação, transição e estabilização.

O DA™ é composto de seis ciclos de vida. O ciclo de vida ágil, com base em Scrum, e o ciclo de vida *lean*, fundamentado em Kanban, são ciclos orientados a iterações e seguem as metodologias ágeis conhecidas. São bons pontos de partida para equipes e organizações que almejam adotar o DA™. Os ciclos de vida "Entrega contínua: Ágil" e "Entrega contínua: Lean" são ciclos modernos, que preconizam a entrega contínua. Isso significa que, regularmente, é enviado para a produção ou para o mercado o lançamento de uma nova funcionalidade no fim de cada iteração, em vez de esse lançamento ocorrer somente após um conjunto de iterações, conforme o ciclo de vida.

O ciclo de vida "Exploratório" deve ser seguido por equipes ágeis ou *lean* em *startups* ou em fase de pesquisa, nos projetos em que seus *stakeholders* têm apenas uma ideia inicial para um novo produto. Nesse caso, as equipes precisam explorar rapidamente o que o mercado deseja por meio de uma série de experimentos de aprendizado rápido, de modo a produzir a solução mais adequada para os *stakeholders*. Ou seja, trata-se de validar hipóteses.

O ciclo de vida "Programa" descreve como organizar uma equipe composta de várias equipes. Essa é exatamente a situação abordada por estruturas de escalonamento como SAFe, LeSS e Nexus. O DA™ não oferece suporte a um ciclo de vida preditivo, entretanto, reconhece que na maioria das organizações tem-se uma abordagem multimodal, em que as equipes seguem uma abordagem ágil, *lean*, de entrega contínua ou a preditiva. Portanto, dentro de equipes que integram programas, é possível que existam projetos em metodologia preditiva, ou seja, *waterfall*.

Entretanto, nenhuma ferramenta, *standard*, método ou abordagem são completos. O *Guia PMBOK*, em sua 7ª edição, traz uma lista não exaustiva de modelos, métodos e artefatos como exemplo. Por sua vez, o DA™ é um híbrido que combina vários métodos, estruturas e outras fontes, e identifica práticas e estratégias potenciais que sua equipe pode querer experimentar e adotar. Ele coloca essas técnicas em contexto, explorando conceitos fundamentais, como as vantagens e desvantagens da técnica, quando aplicar ou não cada uma delas, e em que medida. Todas essas questões são críticas para que a equipe possa saber como aplicar cada prática de maneira eficaz ao escolher sua forma de trabalhar (WoW).

Gestão Híbrida de Projetos | Casos Práticos em Diferentes Contextos e Cenários

Papéis sugeridos no DA™ e sua relação com a agilidade e o escalamento do ágil na organização

Assim como o DA™ adota práticas e estratégias de diversos métodos, os papéis sugeridos por ele também seguem essa abordagem, não sendo posições específicas. Isto é, qualquer pessoa assume um ou mais papéis e pode mudar de papel ao longo do tempo, e qualquer papel pode ter zero ou mais pessoas em determinado momento.

O DA™ possui dois conjuntos de papéis, divididos entre primários e secundários, que atuam desde a concepção e a construção até a entrega. Os papéis primários existem em todos os times, independentemente da escala: *Team Member, Team Lead, Product Owner* e *Architecture Owner*, considerados *stakeholders*. Os papéis secundários são específicos e facultativos, conforme necessidade, e tipicamente estão presentes quando há escala e somente por determinado período. São eles: *Specialists, Independent Tester, Domain Experts, Technical Expert* e *Integrator*.

Os papéis primários são compostos pelas partes interessadas (*stakeholders*), pessoas essencialmente envolvidas e/ou impactadas pelo resultado da solução, como o membro da equipe (*Team Member*), responsável por produzir a solução real (p. ex., desenvolvedores, analistas, testadores, entre outros); o líder de equipe (*Team Lead*), profissional que atua como um líder-servidor, *coach* ágil, e remove quaisquer impedimentos para a equipe, garantindo que o processo seja seguido e que a equipe tenha os recursos de que necessita; o dono de produto (*Product Owner*) representa as necessidades do *stakeholder* e comunica o *status* do projeto às principais partes interessadas; e o dono da arquitetura (*Architecture Owner*), responsável pelas decisões de arquitetura, facilita a criação e a evolução da concepção global solução.

Os papéis secundários são preenchidos normalmente de forma temporária para resolução de questões de escala no time. São considerados papéis secundários: especialista (*Specialist*); os especialistas em domínio (*Domain Expert*), que poderão ser integrados à equipe para auxiliar a compreensão de todas as particularidades do domínio do projeto; especialista técnico (*Technical Expert*), por exemplo, um administrador de banco de dados ágil, para ajudar a projetar e testar a base de dados; analista de testes independente (*Independent Tester*), profissional de testes que trabalha em paralelo, apoiando os times DA™, validando seu trabalho ao longo do ciclo de vida e dando agilidade; e o integrador (*Integrator*), responsável pela construção do sistema a partir dos subsistemas.

O DAD foca explicitamente no ciclo de vida completo da entrega e em todos os aspectos da entrega da solução, incluindo os aspectos técnicos, razão pela qual há muito mais papéis no DAD do que no Scrum, por exemplo.

Capítulo 11 | *Disciplined Agile® (DA™)*

Conclusão

Disciplined Agile® (DA™) é único, porque é abalizado em empirismo, dados da indústria e adoção de práticas comprovadas. O resultado é uma enorme riqueza de informações estruturadas, que permitem mapear os desafios e aplicar o DA™, para identificar melhorias de processo que reflitam situações reais enfrentadas pelas equipes.

Os princípios fundamentais do DA™ incluem a centralização no cliente ao ser pragmática em vez de seguir metodologias. O objetivo é oferecer várias opções abalizadas no modelo Ágil e Lean, e otimizar o fluxo em toda a organização. O *kit* de ferramentas DA™ é uma abordagem híbrida e abrangente, que provê orientação direta e prática para indivíduos, equipes e organizações, de forma a selecionarem à sua "maneira de trabalhar", conforme o respectivo contexto.

Na sua gênese, o DA™ traz consigo ferramentas que possibilitam às organizações personalizarem qualquer método ou estrutura, como preditivo, Scrum ou SAFe, para gerar resultados que as diferenciam de seus concorrentes e encantam os clientes. Assim, o DA™ torna-se capaz de ajudar a organização a alcançar a hiperagilidade, entregando soluções inovadoras e de valor aos seus clientes, com o *time-to-market* necessário para ganhar vantagem competitiva e garantir a longevidade dos negócios.

A aquisição do DA™ pelo PMI, em 2019, propiciou uma proposta de valor única e inigualável a organizações, profissionais e demais partes interessadas que têm como compromisso o aprimoramento da agilidade pessoal, da equipe e empresarial. De igual forma, o PMI, de modo a adequar-se às rápidas mudanças tecnológicas e à necessidade de organizações e profissionais se adaptarem mais rapidamente às mudanças do mercado, lançou em 2021 a 7ª edição do *Guia PMBOK*.

Em um mercado cada vez mais competitivo, os profissionais agora têm a tarefa de identificar a abordagem correta (preditiva, ágil ou híbrida) para realizar seu trabalho e acrescentar valor. Assim, de modo a garantir que os gestores de projetos continuem atualizados, o mais recente *Guia PMBOK* reflete essa flexibilidade e apoia o profissional na gestão do projeto, com o objetivo de entregar produtos que permitam alcançar os resultados pretendidos. Portanto, essa edição é diferente das edições anteriores de várias maneiras significativas, a começar pelo fato de que passa a ser fundamentada em princípios (*principle-based approach*) e não mais em processos, áreas de conhecimento, ferramentas e técnicas (*process-based approach*). Adicionalmente, a 7ª edição do *Guia PMBOK* não possui caráter prescritivo e burocrático e traz um propósito orientador, tanto em princípios quanto nos chamados domínios de *performance*. Por último, contempla o *Value Delivery System* (VDS – sistema de entrega de valor), uma vez que entregar valor é o propósito dos

Gestão Híbrida de Projetos | Casos Práticos em Diferentes Contextos e Cenários

projetos, ou seja, transformar ideias em resultados que sejam úteis para os *stakeholders*.

Em resumo, nesse mundo BANI (*Brittle*, *Anxious*, *Nonlinear*, *Incomprehensible*), de grandes transformações, é fundamental que organizações e profissionais sejam capazes de tirar proveito de uma abordagem mais atenta e adaptada à Agilidade, estimulada por uma mentalidade ágil, *Lean* e habilitada por processos que se encaixam em seu contexto. Isso permitirá resultados mais fortes do que seria possível com abordagens mais prescritivas, enquanto as empresas poderão usufruir de uma abordagem mais adaptada à agilidade corporativa, com base em suas necessidades e contexto específicos. Afinal, o contexto conta e ser pragmático importa.

CAPÍTULO 12
GUIA PMBOK® – 7ª EDIÇÃO

Edvaldo Lourenço
Antonio Santos

O mundo está mudando e todas as práticas de gerenciamento de projetos também estão. A 7ª edição do *Guia PMBOK®* trouxe mudanças importantes para a gestão de projetos, valorizando princípios e adaptações ao contexto, e incorporando a Agilidade e a Gestão Híbrida de projetos.

Por que o PMI está se movendo para um padrão com base em princípios?

Em um período de tantas mudanças e incertezas acontecendo em um curto intervalo de tempo, é importante estar preparado para se adaptar constantemente. Ficar parado com as mesmas práticas e mesmos pensamentos não parece ser uma boa solução. Assim, o gerenciamento de projetos tem se transformado, de modo a atender às demandas atuais. As práticas ágeis possibilitam que as equipes do projeto sejam mais colaborativas e efetivas, favorecendo a autonomia e a auto-organização, facilitando a entrega de resultados com qualidade e atendendo às necessidades das partes interessadas.

Ser capaz de responder às demandas, implementando mudanças estratégicas, parece ser a chave para o sucesso das organizações no mundo de hoje, para estar alinhado com as práticas atuais das organizações.

Para garantir que o *Guia PMBOK* esteja alinhado com essas novas tendências, a 7ª edição foi lançada com diversas mudanças em relação às edições anteriores, tanto no Padrão para Gerenciamento de Projetos quanto no Guia do Corpo de Conhecimento.

No Guia do Corpo de Conhecimento entram os domínios de *performance*. Esses domínios não são prescritivos, isto é, eles dizem "o que" deve ser proporcionado para se ter um bom desempenho, mas não "como" isto poderá ser alcançado. Já no Padrão para Gerenciamento de Projetos,

Gestão Híbrida de Projetos | Casos Práticos em Diferentes Contextos e Cenários

foram incluídos os princípios do gerenciamento de projetos e o sistema de entrega de valor. As áreas de conhecimento e os processos deram lugar aos métodos, modelos e artefatos.

A mudança para padrões com base em princípios ajuda a destacar a importância do contexto e da cultura da organização e das equipes na escolha das abordagens para gerenciar projetos, programas e portfólios. A nova visão consiste na criação de um novo padrão estável e na flexibilização do Guia do Conhecimento em Gerenciamento de Projetos.

O padrão atualizado adota um formato embasado em princípios para ser mais inclusivo com toda a gama de abordagens para a entrega de valores, e não apenas a abordagem preditiva associada ao gerenciamento de projetos.

Os 12 princípios que regem a norma são construídos em torno de um conjunto de declarações que melhor resumem as ações e os comportamentos geralmente aceitos da prática de gerenciamento de projetos, independentemente da abordagem de desenvolvimento. Os princípios fornecem amplos parâmetros, dentro dos quais as equipes de projeto podem operar e permanecer alinhadas com a intenção do princípio.

Além de uma introdução, que descreve itens como propósito, termos e conceitos, o PMBOK dedica duas seções à importância de entregar valor e dos princípios de gerenciamento de projetos.

Na seção em que aborda que a organização precisa estabelecer um sistema de entrega de valor, existe uma mudança importante de paradigma do conceito de um projeto de sucesso: não é mais aquele em que o prazo e o custo foram fielmente seguidos, mas aquele que entrega valor aos seus clientes e no qual sua equipe se adapta à mudança de contextos (fatores internos ou externos) que ocorrem ao longo do desenvolvimento do trabalho.

Para que seja possível essa mudança de *mindset* fixo para *mindset* de crescimento (termos explicados e abordados no Capítulo 11), o PMBOK descreve alguns princípios que podem guiar o comportamento e o pensamento da organização e das equipes, mantendo o alinhamento constante com a visão e os objetivos do projeto e da entrega de valor.

Princípios de gerenciamento de projetos

Os 12 princípios propostos pela 7ª edição do *Guia PMBOK* têm algumas semelhanças com os 12 princípios propostos no Manifesto Ágil, principalmente em suas ideias centrais acerca do foco no valor e da abertura para mudanças. Ainda assim, alguns tópicos são abordados de forma bem distinta.

De modo geral, os 12 princípios, conforme mostra a Figura 12.1, parecem girar em torno de três temas principais: como possibilitar a entrega de valor, como melhorar a interação entre Partes Interessadas e como entender mudanças como instrumento de melhoria. Tendo esses conceitos em mente, é possível facilitar o entendimento do que é proposto por cada princípio.

Figura 12.1 12 princípios para o gerenciamento de projetos.
Fonte: adaptada do *Guia PMBOK* (PMI, 2021).

A 7ª edição do *Guia* baseia-se no "Padrão para Gestão de Projetos" e está estruturada, não em torno das áreas de conhecimento, ferramentas e técnicas, *inputs* e *outputs*, mas nos Domínios de Desempenho do Projeto, um grupo de atividades relacionadas, que são críticas para a entrega eficaz dos resultados do projeto. Os domínios incluem importantes práticas de gestão, mas não são prescritivos, isto é, não descrevem "como fazer". Cada seção explica o porquê de um domínio específico ser importante para a gestão eficaz do projeto. Na Figura 12.2 ficam evidenciadas as alterações do *Guia PMBOK* e do *The Standard for Project Management*, na sua 7ª edição, em comparativo à edição anterior.

Um Domínio de Desempenho é um grupo de tópicos relacionados, que é essencial para entrega eficiente de resultados de projetos, independentemente do tipo de abordagem.

Para que seja possível a entrega de valor e o entendimento das equipes sobre a importância da escolha da sua forma de trabalho de acordo com o contexto (*Choose Your WOW*, conceitos explorados no Capítulo 11), o PMBOK aborda um tópico específico sobre *tailoring*, destacando sua importância com uma sugestão de estrutura para realizar o processo de adaptação.

Gestão Híbrida de Projetos | Casos Práticos em Diferentes Contextos e Cenários

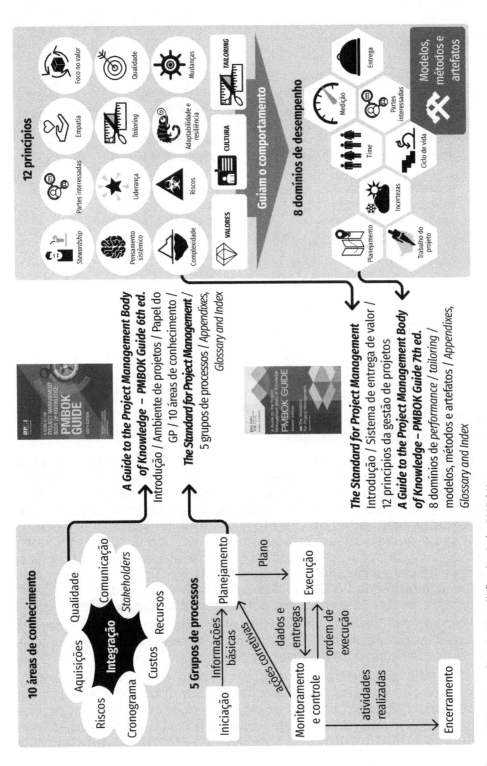

Figura 12.2 Alterações da 7ª edição do *Guia PMBOK*.
Fonte: adaptada do *Guia PMBOK* (PMI, 2021).

Esse conceito é de extrema importância porque cada projeto é único e, por isso, nem todas as boas práticas abordadas no PMBOK são necessárias a todos os projetos. No processo de *tailoring*, inicialmente, deve-se escolher a abordagem de desenvolvimento (preditiva, adaptativa ou híbrida) que melhor se encaixe nos esforços previstos para o projeto.

Com essa definição, é importante que haja uma adaptação de acordo com as características organizacionais. Para isso, modificações devem ser feitas considerando, entre outras coisas, a governança corporativa, garantia da qualidade, política de conformidade e aprovação do *Project Management Office* (PMO) ou *Value Delivery Office* (VDO). Como é de se esperar, a adaptação não deve levar em conta apenas a abordagem de desenvolvimento e as características organizacionais.

A Figura 12.3 representa o processo de *tailoring*, conforme indicado pelo PMI em sua série de vídeos *Out of the Box*.

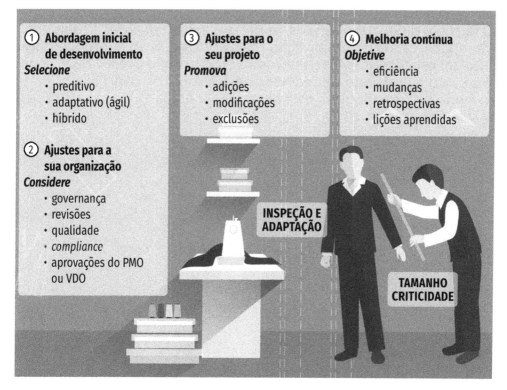

Figura 12.3 Processo de *tailoring*.
Fonte: adaptada da 7ª edição do *Guia PMBOK* (PMI, 2021).

O *Guia* também possui uma seção expandida sobre ferramentas e técnicas intituladas "Modelos, Métodos e Artefatos". Informações detalhadas sobre como aplicar essas ferramentas e técnicas por tipo de projeto, abordagem de desenvolvimento e setor da indústria são apresentadas em uma nova plataforma digital chamada *PMIstandards+*™.

Gestão Híbrida de Projetos | Casos Práticos em Diferentes Contextos e Cenários

A 7ª edição do *Guia PMBOK* foi lançado com um elemento digital e interativo, entregue por meio da própria plataforma.

Ao contrário da 6ª edição, o novo *Guia PMBOK* começa com a seção "Padrão" em vez de "Guia do Conhecimento". O principal objetivo com a 7ª edição é facilitar o trabalho do gestor de projeto, dando aos profissionais envolvidos na gestão maior flexibilidade, de modo a torná-los mais proativos, inovadores e ágeis em resposta às mudanças. Por esse motivo, o que devemos ter em mente é que a 7ª edição é mais abalizada em princípios do que em processos.

O novo formato reflete os princípios fundamentais da prática de gestão, em vez de uma abordagem prescritiva. O PMI acredita que esse novo formato reflete melhor as necessidades dos profissionais atuais e futuros, e que este continuará a ser relevante enquanto os profissionais identificam as abordagens mais apropriadas para alcançar os resultados pretendidos.

O formato digital também permitirá um acesso mais fácil, mais opções de *feedback*, ciclos de atualização mais curtos e novo conteúdo original escrito por especialistas. Os gestores de projeto terão acesso a um conjunto mais rico e profundo de recursos para colocar os padrões em prática, com ferramentas e técnicas para os vários aspectos da gestão de projetos.

CAPÍTULO 13
FAZER ESCOLHAS É BOM: ADAPTAÇÃO PARA UMA GESTÃO HÍBRIDA

Alexandre Caramelo
Luciano Sales

Um dos debates mais interessantes da atualidade quando se fala em gestão de equipes é também um dos importantes pilares da gestão moderna, e diz respeito à **autonomia** frente aos desafios a que se propõe resolver. Se, por um lado, tal benefício implica em um elevado grau de maturidade para a tomada de decisões, por outro, traz uma demanda para que as atitudes e as escolhas sejam pautadas em referenciais consistentes, experiência dos membros das equipes e, sobretudo, nas lições aprendidas em iniciativas anteriores (ANDERSON, 2010; GREN *et al.*, 2015; 2020).

Diante do exposto, fica fácil perceber que a imposição de métodos, *frameworks* ou práticas provavelmente levará as equipes a um estado de negação ou mesmo contrariedade silenciosa, uma vez que lhes cabe essa responsabilidade, como lembra Anderson (2010, p. 4), precursor da filosofia Lean-Kanban, em seu testemunho sobre o tema:

> Na metade de 2002, eu havia concluído que aplicar prescritivamente um processo de desenvolvimento de *software* em uma equipe não funcionava. **Um processo precisa ser adaptado para cada situação específica**. Fazer isso requereria liderança ativa em cada equipe. Isto estava muitas vezes em falta. Mesmo com a liderança certa, eu duvidava que mudanças significativas pudessem acontecer sem um *framework* em uso e sem orientação sobre como **adaptar o processo para que se encaixe em diferentes situações**. Sem isso para guiar o líder, *coach* ou engenheiro de processos, qualquer adaptação provavelmente seria imposta subjetivamente, baseada em crenças supersticiosas. Era muito provável que isso criaria polêmica e objeções da mesma forma que impor um *template* de processo inadequado. (grifos nossos)

Em uma organização típica, se analisarmos esses desafios nos níveis estratégico, tático e operacional, será imediata a percepção de que as iniciativas constantes do portfólio, devidamente desdobradas em projetos e programas, possuem contextos bastante distintos, independentemente do segmento de atuação e desse pertencer à esfera pública ou privada. Considerada a dinâmica dos times que recebem essas demandas em funções como tecnologia, comercial e financeiro, para ficarmos apenas em três exemplos, nota-se que a tendência é que a gestão dessas iniciativas seja direcionada por uma série de aspectos, como ilustra a Figura 13.1.

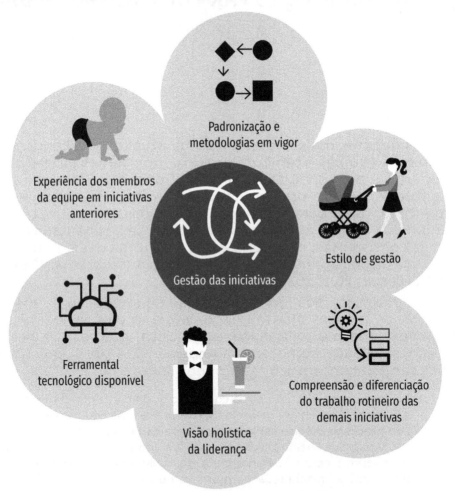

Figura 13.1 Fatores influenciadores na gestão das iniciativas na percepção das equipes.

Nesse sentido, tanto o *Disciplined Agile*® refletido na visão de Ambler e Lines (2020) quanto o PMI (2021), com a renovada 7ª edição do *Guia PMBOK*®, nos trazem uma perspectiva bastante integrada de como a **adaptabilidade** é um fator crítico de sucesso para um bom desempenho das iniciativas. Tais iniciativas podem estar vinculadas a um grande programa de transformação, pequenos projetos conduzidos nos depar-

Capítulo 13 | Fazer Escolhas é Bom: Adaptação para uma Gestão Híbrida

tamentos ou mesmo produtos com um viés cada vez mais digital e que requerem uma estrutura de sustentação.

A clareza dessa diferenciação advém dos aspectos ilustrados anteriormente e podem se beneficiar sobremaneira da Gestão Híbrida. Na prática, quando combinamos técnicas, ferramentas e práticas oriundas de abordagens distintas (preditivas, adaptativas, incrementais ou mesmo iterativas), tem-se a oportunidade de prover **aderência da equipe ao contexto** observado, bem como à iniciativa em questão, visando a maximização do desempenho na geração de valor de forma balanceada (CONFORTO *et al.*, 2016; PMI, 2017).

Ainda observando a visão de Gren *et al.* (2020), que analisaram o desenvolvimento de times e suas práticas, percebeu-se uma forte correlação entre o nível de maturidade destes e as práticas adotadas, sendo que o uso avançado em práticas como iterações e retrospectivas claramente precisavam ser adaptadas no contexto do grupo de indivíduos considerado. Logo, o espectro de cenários no qual a Gestão Híbrida passa a ser considerada tem sido largamente ampliado na medida em que a visão clássica se torna insuficiente para lidar com a instabilidade de requisitos das iniciativas que seriam preditivamente conduzidas com práticas de natureza mais preditiva e que, simultaneamente, não seriam candidatas imediatas para a adoção de práticas ágeis.

Pensando em termos de diversidade de aplicações, é possível observar que o interesse por práticas híbridas de gestão tem aumentado, motivando estudos distintos em áreas como construção civil (LALMI *et al.*, 2021), organizações de intensa base tecnológica e P&D (CONFORTO; AMARAL, 2016), e até mesmo na construção de produtos físicos como os conhecidos blocos de montar LEGO (COOPER; SOMMER, 2016). Em todos os casos, o objetivo central foi a promoção da inovação por meio da intensa interação com o cliente, oportunizada pela visão da abordagem adaptativa e aumento do valor gerado, calcando-se no incremento das chances de sucesso sem renunciar a aspectos positivos da visão preditiva, como a oferecida na visão do conhecido modelo *stage-gate*.

Outro aspecto importante com relação à capacidade de fazer escolhas oportunas recai sobre as incertezas relativas àquilo que está sendo produzido, seja um produto, serviço ou resultado de negócio. Na busca pela geração oportuna de valor dessas iniciativas, a geração de hipóteses verificáveis por meio de produtos mínimos viáveis (MVPs), testes piloto ou provas de conceito (PoCs), fato é que o principal ativo organizacional capturado é o aprendizado proporcionado (RIES, 2011; SENGE, 2014). Dessa forma, a escolha de avançar com as iterações dentro de um mesmo objetivo ou, na linguagem das *startups*, pivotar e recomeçar, significa também que nos aproximamos mais de um entendimento comum das reais necessidades do público-alvo, ainda que em certos casos isso signifique um aparente retrocesso (RIES, 2011).

Ainda no que tange à realidade dos negócios nascentes, é interessante observar que eles se encontram em um estágio de investigação e identificação de um modelo de negócio que seja simultaneamente escalável, repetível e rentável que, caso validado mediante o escrutínio de investidores seguramente pragmáticos, haverão de tornar-se *scaleups* (APPELO, 2019). Assim, à medida que a pequena *startup* ganha tração, investimentos adicionais e identifica seu modelo de negócios gerador de valor, convertendo-se em uma *scaleup*, será sistematicamente alçada a um patamar ao qual seu tamanho provavelmente não facilitará a perpetuação de práticas que faziam sentido quando ainda podia gerenciar, de forma homogênea, todas suas iniciativas distribuídas em pequenas *squads*. Outro aspecto que precisa ser considerado segundo a visão de Anderson (2010) é a natureza evolutiva do Kaizen (pequenas melhorias incrementais), tipicamente observável em times que são essencialmente sistemas adaptativos complexos e que, ao percorrerem as suas respectivas curvas de aprendizado, promoverão a adaptação ao contexto apresentado de forma orgânica.

Logo, o contexto desafiador demanda da organização e do time uma capacidade de **articulação responsiva às condições apresentadas**, tanto com relação à iteração considerada quanto à aderência do produto incrementalmente concebido ao seu destinatário final. Shalloway (2020) acrescenta ainda que é preciso ir muito além com o aprendizado oferecido com os MVPs, pois é necessário materializar o valor na forma de um MBI (incremento mínimo de negócio, portanto, um passo além do MVP).

Colocando em termos práticos, é a partir da **sequência de escolhas certeiras do time** em cada camada organizacional, naquilo que o mercado entende por ágil escalado, que emergirá o sucesso das iniciativas. É onde a abordagem híbrida pode oferecer *insights* complementares e assertivos nos casos em que as abordagens ágeis não fazem parte da cultura da equipe, ou da visão organizacional, sobre como conduzir iniciativas mais complexas, como programas e até mesmo em outros portfólios (VENKATESH; RAKHRA, 2020).

PARTE IV
TECNOLOGIA

Esta parte é dedicada aos *cases* de Gestão Híbrida na área de TI, em que a Agilidade foi popularizada exatamente por estar passando por diversos problemas (atraso nas entregas, falta de qualidade, capacitação, comunicação) que pareciam não ter uma solução imediata.

Conforme detalhado na Parte II, inspirados pelo Lean das indústrias, os autores da Agilidade começaram a demonstrar resultados positivos.

Ao longo do tempo, surgiram necessidades de incluir práticas ágeis em gestões preditivas, e vice-versa. Nesses casos, os autores compartilharam as soluções, as dificuldades e os resultados da Gestão Híbrida em diversos contextos na área de TI.

As experiências foram resumidas em tabelas e em figuras para facilitar o entendimento.

CAPÍTULO 14
CASES TI – GESTÃO HÍBRIDA COM PRÁTICAS SCRUM, LESS E TERCEIRIZAÇÃO EM UMA TELECOM

Guilherme Páscoa
Analia Irigoyen

Contexto

Com a crescente demanda pela adoção da Agilidade, não só pelo mercado, mas principalmente pelas fábricas de *software*, seus fornecedores tornaram a Agilidade uma realidade para uma empresa de Telecomunicações, que, desde o início do ciclo de vida, possui uma cultura e ciclos preditivos em todos os seus projetos, incluindo um rigoroso controle de custo, prazo e escopo.

Sendo esta uma forte influência em todos os temas e projetos já realizados, a adaptação das pessoas para novas formas de trabalho se tornou um dos grandes desafios para implementação da Metodologia Ágil. Por necessidades políticas e estratégicas, evidenciou-se uma gestão ágil coexistindo com uma gestão preditiva mais do que uma transformação essencialmente ágil.

A estrutura organizacional do time ágil foi formada por colaboradores de no mínimo duas áreas diferentes, cujo time de desenvolvedores eram fábricas de *software* terceirizadas. A metodologia utilizada foi a Scrum, cujos principais papéis foram: o PO (oriundo da área de negócio impactada), o SM (um integrante da área de TI da Telecom) e o Time (equipe de desenvolvedores da fábrica de *software* terceirizada pela Telecom).

Para atender a um projeto estratégico de migração tecnológica de um dos principais sistemas da companhia, foram formadas três *squads* compostas de um PO, um SM, oito membros no *Dev Team* e um analista de sistemas. Em razão de uma padronização da empresa, foi obrigatória a utilização de duas semanas, inicialmente, para as *sprints*, com datas de início e fim predefinidas. Como eram três *squads* trabalhando no mesmo produto, percebeu-se a necessidade de utilizar práticas de Ágil Escalado (no nosso caso, usamos práticas do LeSS).

E onde está a Gestão Híbrida? Além de existir um escopo definido, que não podia ser modificado, as estimativas de custos e prazos eram solicitadas desde o início do projeto e acompanhadas pelo PMO da empresa. As perguntas mais comuns nas reuniões de gestão eram "Quanto custa?", "Quando fica pronto?", "Qual é o percentual de atraso?", o que nos levou a algumas tentativas e erros ao relacionar indicadores ágeis aos preditivos no decorrer do projeto. Entendemos que, como toda grande empresa, o forte controle orçamentário e as metas atreladas às entregas são muito comuns. Nosso desafio foi atender à necessidade desses controles de prazo/escopo/custo (gestão preditiva) em um projeto no qual o desenvolvimento era essencialmente ágil (gestão adaptativa).

Como coexistir e atender a essas duas demandas de gestão? O que foi usado ao longo do projeto para que isso fosse possível? A Gestão Híbrida foi a estratégia adotada pela coordenação do projeto, e mais detalhes dessa abordagem podem ser observados nas Figuras 14.1 e 14.2 e no Quadro 14.1.

Capítulo 14 | *Cases* TI – Gestão Híbrida com Práticas Scrum, LeSS e Terceirização em uma Telecom

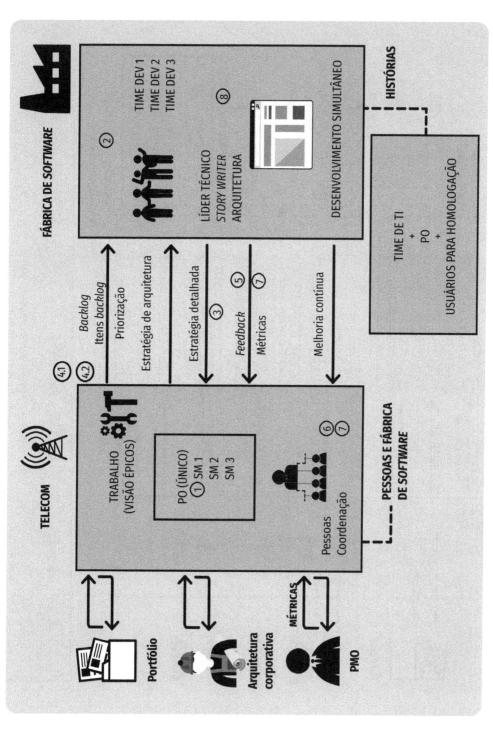

Figura 14.1 Resumo do *case* Ágil Escalado em um modelo preditivo de Telecom.

Gestão Híbrida de Projetos | Casos Práticos em Diferentes Contextos e Cenários

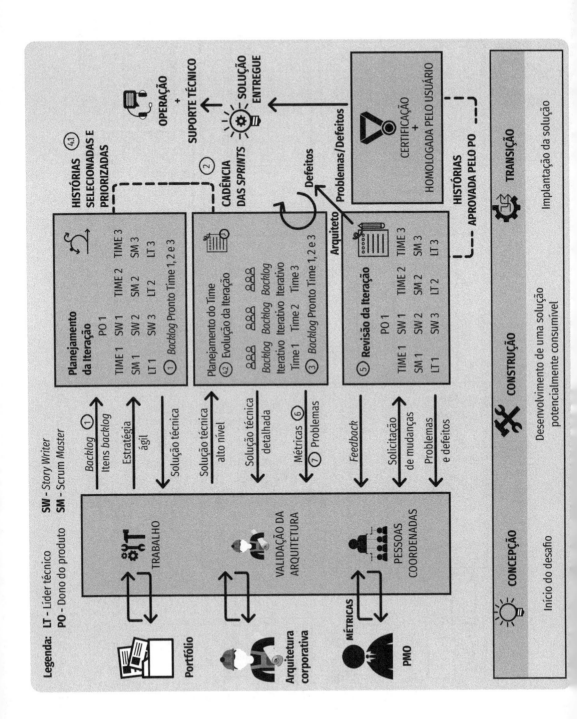

Capítulo 14 | *Cases* TI – Gestão Híbrida com Práticas Scrum, LeSS e Terceirização em uma Telecom

Quadro 14.1 Estratégia de Gestão Híbrida – práticas utilizadas no *case*

Prática	Referencial	Propósito
1. Diversos *backlogs* do produto (um para cada time) com itens definidos no início do projeto	Cascata	Escopo definido para todo o projeto (cascata), durante a iniciação do projeto (*Sprint* 0) e priorizado pelo PO a cada *sprint*. Cada *squad* tinha seu *backlog* dividido por temas de funcionalidades. Decisão estratégica: foram deixados os itens com menor prioridade para os incrementos finais, pois poderíamos deixar de implementar itens não essenciais caso fosse necessário eliminar itens do *backlog* considerando as restrições de prazo definidas no início do projeto. Por exemplo: uma história era rastreável a um requisito funcional ou não funcional levantado no início do projeto
2. Cadência diferenciada a cada ciclo de entrega (*x* semanas)	LeSS adaptado	A definição de um escopo fixo nos fez adaptar a cadência comum do Ágil Escalado: em vez de adotar uma cadência única (inicialmente, usávamos a cadência de 2 semanas). A cada *planning*, a quantidade de *sprints* era definida considerando o escopo planejado inicialmente (tamanho do *Sprint Backlog*). Dessa forma, poderíamos ter mais facilidade no de/para dos indicadores de prazo, custo e escopo cumprido do planejamento original do projeto
3. *Two daily* técnico – Excelência Técnica	LeSS (CoE)	Coordenar os diversos itens técnicos dos *backlogs* em uma integração rápida e sob demanda ao longo das *sprints* e entre os times. O ganho de padronização e produtividade foi percebido ao longo das *sprints*
4. Planejamento em duas camadas (a primeira é integrada e a segunda, por time)	LeSS/Scrum	Equilibrar a governança do programa e a gestão distribuída conferindo liberdade às equipes na definição de tarefas e a aceitação do escopo originalmente traçado. Levantamento de riscos de não entregas conforme o planejamento inicial. Esses itens eram mitigados a partir da priorização e da classificação de importância dos itens de *backlog* (gestão de mudança preditiva)
5. Revisão da iteração integrada	LeSS, Scrum	Assegurar que a iteração cumpriu seus objetivos e gerou valor na forma das entregas. As métricas de Pontos por *sprint* e Defeitos eram analisadas junto ao time e o percentual do escopo planejado entregue. Quando uma história era entregue, parte de um requisito funcional ou não funcional era entregue, alimentando os indicadores do PMO preditivo existente na organização
6. Time de gerenciamento e estimativas iniciais	Cascata	Visão e direcionamento das equipes de forma integrada com indicadores preditivos (custo, escopo e prazo). A estimativa inicial foi feita com os times (que já conheciam o produto), em uma relação de *Story Points* e pontos de função (com as rastreabilidades entre os RF (Requisitos Funcionais) e RNF (Requisitos Não Funcionais) e as histórias)

Continua

Gestão Híbrida de Projetos | Casos Práticos em Diferentes Contextos e Cenários

Continuação

Prática	Referencial	Propósito
7. Indicadores preditivos e sua relação com Story Points e sprints	Cascata/Scrum	Indicadores de prazo e custo com base no ciclo preditivo e sua relação com as histórias. As horas realizadas a cada *sprint* eram incluídas pelo time para alimentar a gestão do contrato com as fábricas de *software*
8. Papel de Story Writer, analista de Qualidade, líder da squad e arquiteto	Cascata	Adaptação dos papéis do Scrum: um analista de sistemas que auxiliava o PO na escrita das histórias (*Story Writer*), um analista de Qualidade era responsável por garantir a qualidade desde o início do ciclo (participando da definição dos critérios de aceitação) até os testes (registrando os defeitos e promovendo sua análise), o líder da *squad* era o responsável por garantir a qualidade do código e o seguimento dos padrões definidos nas reuniões técnicas, e um arquiteto definiu os padrões a serem usados por todos os times envolvidos

Principais desafios do caso

A seguir listamos os principais desafios enfrentados pelo Time.

Desafios do backlog do produto inicial com o escopo fixo e o Story Writer ao longo do Refinamento

Com um produto já em funcionamento e sendo utilizado em larga escala, nosso escopo do projeto estava definido e restrito a um trabalho de atualização tecnológica do *software* atual. Porém, para iniciar o próprio desenvolvimento já teríamos o primeiro desafio: a falta de documentação do sistema atual. Assim, um papel de suma importância é adicionado ao nosso time: o *Story Writer*, responsável pelo levantamento das regras atuais para posterior adaptação na nova tecnologia.

Uma palavra recorrente nessa etapa foi adaptação, embora nossa missão sempre tenha sido realizar uma migração de uma tecnologia defasada para uma nova (escopo fixo), entregando o mesmo produto e seguindo as novas práticas de desenvolvimento do mercado. Essa estratégia nos trouxe uma série de desafios, sendo um recorrente, que o sistema atual em cliente-servidor não poderia migrar de forma simples e direta para uma tecnologia *web*, precisando ser adaptada à forma como o produto seria apresentado e utilizado pelo cliente final.

"Parede cor-de-rosa ou azul?". Um ponto importante para o andamento do nosso trabalho seria uma avaliação constante do tamanho do esforço para a entrega das funcionalidades exatamente como estavam desenvolvidas hoje para o esforço do produto, já com uma nova visão atualizada funcionalmente. A analogia das cores sempre foi utilizada – se já

Capítulo 14 | *Cases* TI – Gestão Híbrida com Práticas Scrum, LeSS e Terceirização em uma Telecom

sabemos que precisamos de uma parede rosa, por que a pintaríamos de azul para depois trocarmos a cor para rosa? Estaríamos no mínimo dobrando o esforço futuro para adequação do nosso produto.

Isso posto, como grande aprendizado, ficamos com um trabalho maior na fase inicial, antes do começo de cada *sprint* para escrita e refinamento das histórias. Utilizou-se um tempo para definição da melhor solução para cada caso e gerou-se uma história mais detalhada, com protótipos e entrevistas com os clientes para melhor aderência da solução final, mesclando um gerenciamento de projetos mais preditivo com a Agilidade.

Em contrapartida, o escopo fechado no início do projeto nos trouxe uma série de barreiras a serem sobrepostas ao longo do desenvolvimento, sendo a barreira da própria tecnologia ou a barreira funcional a mais complexa de se resolver. Um produto já em funcionamento, independentemente se ele é 100% aderente ao processo atual, já está incorporado no dia a dia da companhia. De tal forma, alterações, mesmo sendo benéficas, causariam impactos na forma de trabalho que está atualmente em andamento e requeririam um trabalho relacionado às pessoas impactadas, tal qual o trabalho realizado tecnicamente.

Ao longo dos refinamentos dos *backlogs*, isso foi levado em consideração pelo PO e pelo *Story Writer* no momento do detalhamento das histórias e da priorização.

Estimativas de prazo e custos da gestão preditiva e a cadência variável

De posse das estimativas iniciais de prazo e custo realizadas pelo time, considerando o escopo fixo e a utilização da técnica de pontos de função, nosso principal desafio era responder os questionamentos referentes a escopo, prazo e custo iniciais.

A divisão do trabalho maior em trabalhos menores (*Sprints Backlogs*), priorizados pelos POs, nos ajudaram a estabelecer uma produtividade em *Story Points* e sua relação com as estimativas iniciais propostas. Foi possível perceber os riscos e atrasos relacionados aos prazos iniciais e decidimos por entregar o que tinha de maior valor, deixando as funcionalidades menos utilizadas para o final.

Por isso, seguimos por uma estratégia de desenvolvimento segregado em *Product Backlogs* separados (o que não é o indicado pelo LeSS), pois teríamos entregas independentes entre *squads* e com valor agregado para o produto (considerando o escopo fixo inicial). A integração entre as *squads* eram discutidas pelas Comunidades de Excelência (CoEs) nas reuniões de *Two Daily* técnico, considerando os componentes e as interfaces

Gestão Híbrida de Projetos | Casos Práticos em Diferentes Contextos e Cenários

que eram usados por todos. Nesse momento, além da padronização, era definido qual *squad* era responsável por esse componente ou interface.

Outro ponto pensado foi o tamanho da *sprint*. Dentro da nossa amostra, pudemos notar que o tamanho da *sprint* deveria acompanhar a complexidade do tema tratado por todas as *squads*. Em uma situação de escopo fixo, nos deparamos com situações de histórias em *sprints* que já iniciaram com a expectativa de não serem entregues, o que acabou sendo um desgaste desnecessário. Como também uma quantidade de histórias acima do normal em algumas *sprints*, o que dificultou o planejamento e a organização. Por isso, o melhor cenário seria a flexibilidade para definição do tamanho da *sprint* durante a própria *Planning*, priorizando os itens para importantes definidos pelo PO. Nesse sentido, a cada *Planning* se optava pelo tamanho da *sprint*.

Papéis da gestão preditiva presentes no nosso time ágil

Um grande desafio foi a formação da mentalidade de time nas *squads* multiempresas, das várias *squads* que fizeram parte do processo deste caso. As que conseguiram vencer a barreira cliente × fornecedor, destacaram-se em produtividade e acabaram realizando as entregas dentro do previsto, com menores percalços no caminho e melhor qualidade. Definir a forma como se dará a interação entre empresas e quais são os deveres e as obrigações de cada lado são fundamentais para a criação dessa mentalidade.

Para o nosso caso, alguns papéis definidos foram de grande ajuda para a melhoria da produtividade das equipes. Estabelecemos uma liderança técnica dentro das *squads* com a missão de serem referências técnicas para todo o time, como também o *Story Writer* que seria a referência funcional para os times.

Alguns papéis de suporte às *squads* também foram alocados com a finalidade principal de homogeneizar o produto entregue; a figura do arquiteto com a missão de suportar e padronizar as soluções adotadas em todas as *squads*; um líder de qualidade com o objetivo de garantir a estabilidade do produto; e um líder funcional para ser a referência do escopo do produto a ser desenvolvido.

Nesse tema, gostaríamos de ressaltar a importância do planejamento do tamanho da *squad* em relação à produtividade. A *squad* deveria crescer com a maturidade do time, pois *squads* grandes, de 8 a 11 pessoas novas e sem o conhecimento do produto, tendem a levar um tempo maior para garantir uma boa produtividade. Os problemas tendem a ficar diluídos dentro do próprio time, desgastando a mentalidade de time. No nosso caso, tivemos as duas visões, sendo que iniciamos com três grandes *squads* e que a *performance* ficou muito variável, e uma quantidade maior de pequenas *squads* com produtividade e transparência maiores.

Capítulo 14 | *Cases* TI – Gestão Híbrida com Práticas Scrum, LeSS e Terceirização em uma Telecom

Retrospectivas, cerimônias e Comunidades de Prática

Aqui, abordamos um tema simples, mas de difícil aplicação. Sempre realizamos uma entrega preocupados com a próxima, tempo sempre será dinheiro e nunca teremos tempo a perder. Pensando sob essa visão, a retrospectiva foi uma prática importante nesse processo de aperfeiçoamento do time, pois o aumento de produtividade, após as melhorias implementadas, era visível nos indicadores de produtividade (diretamente ligados a prazo e custo) do projeto.

A cada *sprint* que terminava, o time ficava mais experiente e sua produtividade tendia a melhorar, pois um processo de retroalimentação de acertos e erros era realizado principalmente durante as retrospectivas. Todos esses indicadores eram considerados para alimentar o PMO da organização.

Essa mesma prática deve ser estendida entre times para um contexto escalado (Comunidades de Prática no LeSS). Adotamos, então, um tempo para discutir as boas práticas identificadas e que estavam agregando valor ao trabalho, divulgando e melhorando o processo ou a habilidade técnica de todos os times envolvidos no produto.

Mesmo trabalhando com *backlogs* de produtos específicos, decidimos adotar também as cerimônias de planejamento integradas.

Cerimônias *Cross-Squads* devem ser definidas de acordo com a melhor forma de trabalho para o produto, além da *Planning*, retrospectiva e *Review Cross-Squads* (práticas herdadas do LeSS). Tínhamos uma cerimônia de alinhamento da arquitetura da solução (*Two Daily* técnico). Para estas, utilizamos a participação do líder da *squad*, do arquiteto e do SM como necessária, e qualquer outro membro dos times como eventual, dependendo do tema. Essas reuniões eram oportunidades para o envolvimento de demais áreas funcionais/técnicas da organização para apresentação e resolução de temas envolvendo as *squads*.

No nosso caso, utilizamos as reuniões para definições de arquitetura e segurança de sistema, como também para o alinhamento do calendário de *release* do produto em produção em conjunto com áreas que não estavam na estrutura da equipe de desenvolvimento. Essas reuniões envolviam todas as equipes responsáveis pelas definições, dessa forma, o time de desenvolvimento tinha todos os subsídios necessários para realização das *sprints*.

Conclusão

Diante dessa experiência, acreditamos que, independentemente da prática utilizada (preditiva ou adaptativa), é importante proporcionar condições para a informação circular e chegar a todos os membros dos

Gestão Híbrida de Projetos | Casos Práticos em Diferentes Contextos e Cenários

times e às demais áreas impactadas (PMO, área de governança da empresa, gestores e coordenadores) fora da estrutura do time Scrum, com bastante empatia e entendimento do todo.

Dessa forma (com a mente aberta), foi possível coexistir com esses dois tipos de gestão e garantir que todas as *squads* trabalhassem em uma solução uniforme, com desenvolvimento distribuído, maior produtividade possível, entregando resultados e valor agregado. Mesmo diante de um contexto inicial desafiador, não se excluiu o alinhamento aos demais processos e controle da organização, sendo o mais pragmático possível.

CAPÍTULO 15
A CONTRIBUIÇÃO DO *DEVOPS* PARA A ESCALADA DA AGILIDADE EM AMBIENTES PREDITIVOS

Gabriel Falconieri
Analia Irigoyen

Contexto

A área de Digitalização é responsável pelo desenvolvimento de soluções digitais para indústrias. Como uma área prestadora de serviços, todos os serviços são executados como projetos, e todos os projetos devem seguir os processos de gerenciamento de projetos estabelecidos para toda a corporação. Esses processos foram desenvolvidos sob medida, porém são fundamentados em processos preditivos já estabelecidos por instituições como o Project Management Institute (PMI) e o International Project Management Association (IPMA).

O portfólio da área de Digitalização engloba basicamente projetos de:

» Transformação digital.
» Soluções digitais customizadas para indústrias.
» Soluções desenvolvidas com apoio de Inteligência Artificial (IA) e Analytics.
» Cibersegurança.
» Governança de sistemas industriais.

O time da área é bastante heterogêneo considerando as competências e formações dos membros. Há desde bacharéis em Sistemas de Informação a engenheiros químicos e de produção. Além disso, o time é totalmente distribuído, possuindo membros em todas as regiões do Brasil.

Desafio: criar um processo híbrido para executar projetos ágeis e preditivos com fundação única, sem ferir os processos da corporação e executar projetos com esse processo para garantir a coleta de resultados e lições aprendidas

Em uma área de negócios projetizada, com um portfólio de serviços diversos, alinhar estratégias de gerenciamento de projetos preditivos com estratégias ágeis não é uma tarefa fácil. Ainda mais quando temos rígidos processos internos de gerenciamento de projetos compartilhados por todas as divisões da empresa que, no âmbito geral, executam projetos de diferentes tipos e naturezas. Além disso, outras duas importantes restrições precisavam ser consideradas durante o nosso desafio:

1. unificar os processos de todas as subequipes espalhadas no país inteiro;
2. manter o macroprocesso e os subprocessos compatíveis com o CMMi-Dev 2.0 L3, um modelo de referência de qualidade para projetos de *software* (SEI, 2010).

Como superar o desafio? Decidimos projetizar nosso desafio e, para isso, optamos por gerenciar o projeto de forma híbrida, usando o próprio projeto como cobaia do processo que seria criado como resultado dele.

Projeto

Com a escolha da estratégia a ser seguida, era necessário definir o escopo, a equipe, o cronograma e o orçamento. Usamos um fator importante para alavancar recursos de uma maneira geral: estávamos perto de ter o certificado do CMMi-Dev L3 expirado, então, como oportunidade, aproveitamos a recertificação para angariar recursos e reunir esforços para atingir nosso objetivo. Então, com a recertificação como plano de fundo, planejamos nosso projeto, obtivemos aprovação e realizamos o *kick-off*.

A partir de agora, contaremos a história de como executamos todo o projeto obtendo como resultado a republicação de todos os nossos processos, adaptados para um modelo de gestão e execução híbrida. Para tornar a experiência mais rica e mais didática, também passaremos pelos pontos altos dos processos, fazendo uma descrição macro de como eles estão estruturados.

Objetivo e escopo

Os principais objetivos do projeto foram:

» Estabelecer dois ciclos de vida para os projetos, sendo (a) um ciclo de vida mais preditivo, seguindo o modelo Iterativo e Incremental, e (b) um ciclo de vida ágil com base no Scrum. Com o desafio de ambos

Capítulo 15 | A Contribuição do *DevOps* para a Escalada da Agilidade em Ambientes Preditivos

estarem integrados com a governança preditiva da empresa (os processos corporativos não mudariam).

» Automatizar ao máximo os processos, diminuindo de forma significativa o dispêndio com atividades manuais, com a utilização de práticas *DevOps*.

» Reavaliar e reescrever todos os processos da área, revisitando todos os procedimentos técnicos e *templates*.

» Treinar todos os membros do time nos novos processos.

» Executar o processo de recertificação visando ao CMMi-Dev L3 (SEI, 2010), com projetos reais da organização (internos e externos).

O projeto foi iniciado em novembro de 2018 e foi dividido em três fases:

» **Fase 1**: avaliação e análise de *gaps* existentes e mapeamento das melhorias a serem realizadas nas ferramentas internas, de modo a garantir o alinhamento com os procedimentos e atender aos objetivos da área. Como fruto desta fase, foi criada uma ferramenta feita sob medida para automatizar e implementar os processos definidos pela empresa. Essa ferramenta será chamada Sistema de Gestão Híbrida de Projetos e Portfólios (SGHPP).

» **Fase 2**: essa fase teve início em 2019, com o intuito de realizar a implantação de novas ferramentas para solução de alguns *gaps* levantados e para automatização de atividades realizadas manualmente pela equipe.

» **Fase 3**: com início em 2020, teve o objetivo de sanar os últimos *gaps*, realizar o treinamento da equipe e executar o processo de recertificação com projetos reais da organização (internos e externos).

Quadro 15.1 Estratégia de Gestão Híbrida – Práticas utilizadas no *case* de Processo Híbrido

Prática	Referencial	Propósito
1. Gestão de Portfólio de Projetos (indicadores)	Preditivo/OKR	Utilização do OKR para definição e alinhamento dos indicadores dos projetos e organizacionais (adaptativos) e planejamento estratégico (preditivos)
2. Gerência de Riscos e Custos Corporativos	Preditivo	A organização tem uma ferramenta própria de gerenciamento de riscos (SGHPP) e o conceito de Não Conformidade de Custos. Foi feita relação entre processo ágil e conceitos preditivos. Os indicadores foram automatizados de acordo com os dados preenchidos diretamente no SGHPP. Os indicadores de prazo e custos eram calculados de acordo com as horas efetivamente empenhadas pelos times nos projetos e registradas no SGHPP. O registro de riscos era automatizado também no SGHPP, de acordo com os impedimentos e os desvios nos indicadores de planejamento

Continua

Gestão Híbrida de Projetos | Casos Práticos em Diferentes Contextos e Cenários

Continuação

Prática	Referencial	Propósito
3. Scrum	Scrum	O Scrum era usado internamente pelos times na fase de Construção. O que diferenciava o ciclo de vida ágil do iterativo incremental era o formato da especificação (funcional ou por histórias do usuário)
4. *Compliance* (garantia da qualidade do processo)	Preditivo/Lean	Robôs foram criados e integrados ao SGHPP para garantir a qualidade do processo e das *baselines* criadas (fluxos automatizados e robôs identificavam problemas ao longo do ciclo de vida e criavam não conformidades automáticas). O fluxo automatizou o processo e diminuiu os desperdícios de retrabalho ao longo do ciclo, garantindo a execução correta do fluxo e no momento correto
5. Integração e entrega contínua	*DevOps*	O fluxo de criação de *baseline*, os testes automatizados, a integração do código e a implantação do código em um ambiente de testes (segregado) foram automatizados conforme as práticas *DevOps*
6. Estimativa	Preditivo	Foi estabelecida uma base histórica considerando complexidade e quantidade de horas realizadas e utilizadas no planejamento do projeto e no planejamento da iteração
7. Revisão por pares (garantia da qualidade do produto)	Preditivo/*DevOps*	A revisão por pares era feita por ferramentas e manualmente (sempre analisando a qualidade), mas também com apoio de um ambiente específico dentro do SGHPP
8. Planejamento do projeto	Preditivo	O plano do projeto foi gerado/automatizado na Wiki do SGHPP. Por exemplo, o cronograma era gerado na própria ferramenta, de maneira automática, com base nos *milestones* que poderiam ser configurados como Iterações ou *sprints*. Dessa forma, a informação era disponibilizada automaticamente na Wiki do plano de projeto
9. Gestão de Mudança Automatizada	Preditivo/*DevOps*	A automação da gerência de escopo e da criação da *baseline* (garantindo que existisse rastreabilidade entre código, solicitações de mudanças e versão do código em produção, com a execução e aprovação dos testes)
10. *Templates* automatizados	Preditivo/Lean/ *DevOps*	Para que não existisse desperdícios e retrabalhos, os *templates* eram automatizados para garantir *compliance* e execução correta do processo

Capítulo 15 | A Contribuição do DevOps para a Escalada da Agilidade em Ambientes Preditivos

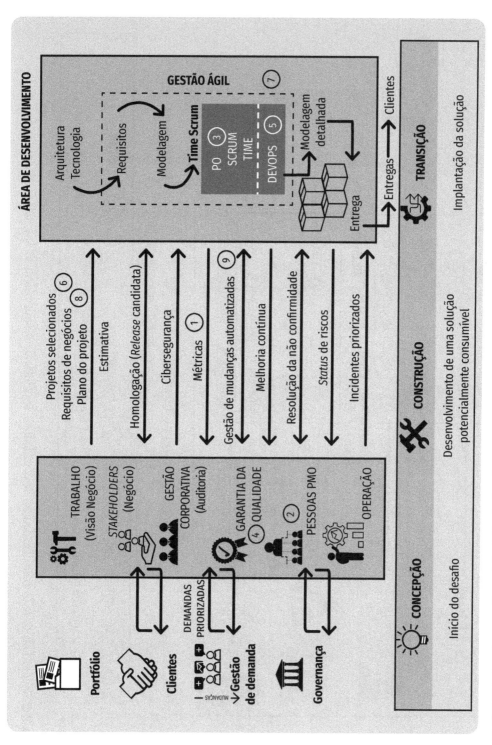

Figura 15.1 Resumo do *case* "A contribuição do DevOps para a escalada da Agilidade em ambientes preditivos".

Gestão Híbrida de Projetos | Casos Práticos em Diferentes Contextos e Cenários

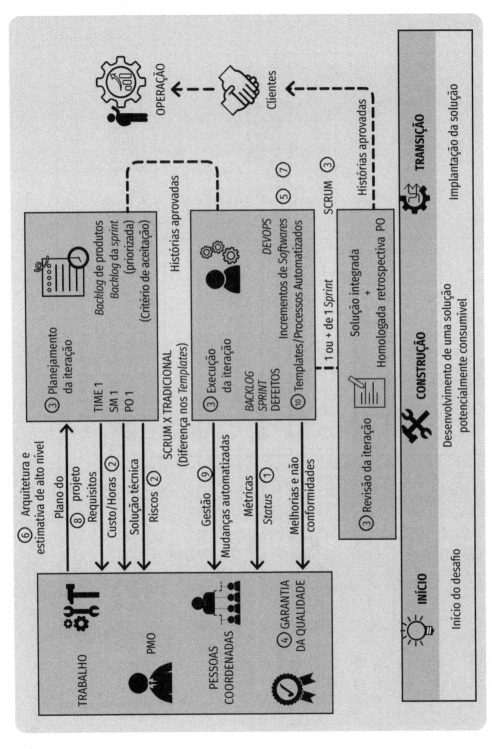

Figura 15.2 Resumo do *case* "A contribuição do *DevOps* para a escalada da Agilidade em ambientes preditivos".

Capítulo 15 | A Contribuição do *DevOps* para a Escalada da Agilidade em Ambientes Preditivos

Case

A seguir, destacamos importantes características da abordagem híbrida deste *case*.

Ciclo de vida preditivo e adaptativo

Neste projeto, o ciclo de vida preditivo e o adaptativo tinham em comum as mesmas fundações, necessárias por se tratar de requisitos de governança da organização: gestão do tempo, gestão de requisitos e documentação, gestão de custos, gestão de riscos, *compliance* e garantia da qualidade (de produto e de processo).

Apesar de o ciclo de vida ágil abordar todas as cerimônias e práticas do Scrum, as integrações com o mundo corporativo eram necessárias e foram realizadas da forma mais automatizada possível.

A ferramenta SGHPP foi utilizada para as principais automações de fluxo necessárias para o *link* entre o ciclo de vida adaptativo (Ágil) e o preditivo. Foram criados *templates* automatizados para o processo e para os itens de trabalho, facilitando o preenchimento não só dos campos e iterações, mas das horas necessárias para o cálculo de produtividade, custo, prazo e qualidade.

Os riscos e o cronograma eram inseridos na ferramenta SGHPP de maneira automatizada, considerando a base histórica de estimativas e os riscos da organização.

Foi criada uma base histórica para que fosse possível ao time estimar as *sprints* de acordo com a complexidade destas, características dos times e tipos de projetos já executados. Essa base histórica era atualizada a cada *sprint* (que eram marcos para análise de viabilidade de implantação ou não da solução em produção).

É importante ressaltar que nem todas as *sprints* eram implantadas na produção. Essa era uma decisão do PO ou do cliente/gerente do projeto durante a revisão da iteração.

Automação como foco no atendimento das práticas de Engenharia de Software

A ferramenta SGHPP, a ferramenta de automação de Integração e Entrega Contínua (Jenkins) e os programas criados de forma customizada pelo time automatizaram as boas práticas de Engenharia de *Software*.

A gestão de mudanças e sua rastreabilidade eram feitas por essas ferramentas, garantindo o correto preenchimento e a execução do processo em tempo de execução (um importante conceito do Lean).

Indicadores automatizados alimentavam a Gestão de Portfólios e a Área de Compliance

A automação da coleta e da análise dos indicadores de produtividade, prazo e custo permitiu a imediata integração com as áreas de portfólio e *compliance* da organização. A automação criava e reportava automaticamente a gerência média de qualquer desvio ao longo da *sprint* ou incremento.

Essa automação considerava estimativas, horas realizadas e *sprints* executadas. Além disso, os indicadores passaram a ser exibidos de maneira transparente em *dashboards* criados na ferramenta Grafana, que, integrada ao SGHPP, passou a disponibilizar importantes indicadores em tempo real.

Conclusão

A implementação do *DevOps* como base na gestão adaptativa facilitou a integração com a gestão preditiva desta organização, que tem como principais focos as métricas com o controle rígido de projetos, o *compliance* (com a obtenção de certificações de qualidade e atendimento de normas) e ser conhecida como uma organização que preza pelas boas práticas de Engenharia de *Software*.

Esse projeto trouxe, além do aumento da produtividade com a padronização e automação, o aumento da qualidade do produto. Vale destacar que o *DevOps* trouxe menos burocracia de evidências com base em documentação para evidências abalizadas em boas ferramentas, aumentando o nível de *compliance*, a assertividade e as reduções de retrabalho.

CAPÍTULO 16
CASES TI – GESTÃO ÁGIL COEXISTINDO COM A GESTÃO PREDITIVA EM UMA INSTITUIÇÃO BANCÁRIA PREDITIVA

João Sousa
Roberto Blanco

Contexto

O relato a seguir retrata alguns aspectos observados em uma organização que vivencia as transformações digitais no mercado de trabalho, que nos proporciona uma oportunidade de realizar uma reflexão sobre como as práticas de uma estratégia de Gestão Híbrida podem ser aplicadas para resolver ou diminuir o impacto que parte das mudanças provocam.

Esse estudo de caso não explorará particularmente um projeto ou processo, mas sim alguns aspectos relacionados à gestão quando há um portfólio preditivo e de longo prazo (restrição organizacional) sendo executado por equipes que organizam seu fluxo de trabalho com práticas ágeis e similares em uma organização integrante do mercado financeiro.

Contextualizando esse cenário sob o aspecto organizacional, há uma estrutura fortemente hierárquica com as fronteiras entre os departamentos claramente definidas. Os cargos de gestão se organizam em três níveis e, em sua maioria, são ocupados por antigos desenvolvedores de *software* que se orientam em função de práticas da gestão preditiva.

Essa organização, historicamente, lidava com poucas demandas, mas teve um grande aumento de solicitações externas nos últimos anos. Também viu crescer a necessidade de evolução tecnológica dos produtos que sustentam seus principais serviços. De 30 pessoas trabalhando de forma centralizada, com pouca subcontratação de serviços e rotatividade, passou para aproximadamente 150 pessoas, incluindo colaboradores de pelo menos quatro empresas parceiras que prestam serviços de forma contínua. Esse cenário foi impulsionando algumas iniciativas ágeis na organização.

Gestão Híbrida de Projetos | Casos Práticos em Diferentes Contextos e Cenários

Existem quatro equipes de *Delivery* além de equipes de *Ongoing*, Suporte e Governança. Os produtos que sustentam os serviços são agrupados por suas similaridades de negócio e cada um é sustentado e evoluído por uma equipe de *Delivery* específica. Além disso, novos produtos são desenvolvidos e implantados por cada uma dessas equipes.

O negócio suportado é complexo, com inúmeras regras de negócios que são fundamentadas por uma extensa legislação governamental (*compliance*) às quais os produtos devem atender com precisão. A complexidade também se manifesta em necessidades de mudanças frequentes com prazos restritivos e em transações fortemente acopladas e atualizadas em conjunto, trazendo características similares a sistemas em tempo real.

Além disso, os serviços disponibilizados são altamente críticos para as instituições que dele se utilizam, sendo responsáveis por um alto volume financeiro em que falhas podem desestabilizar o mercado financeiro. Em resumo: um negócio de alto risco e que envolve grande responsabilidade para os envolvidos.

Relacionado à complexidade do negócio, há um número restrito de pessoas que entendem o negócio de forma detalhada. Esse problema é ampliado pela pouca disponibilidade dessas pessoas para dar suporte aos times de desenvolvimento, uma vez que estão envolvidos em atividades de gestão da organização. Essa dependência torna-se maior porque, na maioria das vezes, são essas mesmas pessoas que projetam as soluções de negócio.

A complexidade do negócio e a longevidade dos sistemas se refletem na complexidade das soluções, uma vez que sistemas com códigos legados devem interagir com sistemas desenvolvidos com tecnologias mais modernas. Somam-se a isso a falta de documentação técnica adequada e a falta de quantitativo de colaboradores que conheçam bem as integrações entre os diversos sistemas.

Em relação à gestão de TI, há um setor responsável pela organização dos processos fundamentados no *Information Technology Infrastructure Library* (ITIL) e em um modelo de referência de boas práticas de gestão de serviços (AXELOS, 2019). Esse mesmo setor é o responsável pelo escritório de projetos, e as práticas de gestão de projetos adotadas são fundamentadas na gestão preditiva.

Essa organização tem entre as suas atribuições constituir um Plano Diretor de Tecnologia da Informação (PDTI). Esse plano macro tem o objetivo de direcionar os esforços da organização para o atingimento das metas estabelecidas para os cinco anos seguintes. Todos os principais projetos devem estar alinhados com as ações preestabelecidas nesse plano.

Esse processo formal de gestão de processos exige um plano de projeto detalhado com um escopo fixo e com custo fixo, além dos compromissos

Capítulo 16 | *Cases* TI – Gestão Ágil Coexistindo com a Gestão Preditiva

com outros times formalizados desde o início da execução do projeto. Nesse processo, o controle sobre a entrega dos marcos do projeto é o principal indicador do andamento dos projetos.

Além do processo de gestão preditiva, as equipes de desenvolvimento organizam seu fluxo de trabalho com práticas do Scrum e algumas de Kanban. Ressaltam-se a permanência das cerimônias do Scrum e a divisão do trabalho por iterações (*sprints* e *Releases*), mas não há a institucionalização do papel do Scrum *Master* e o empoderamento do *Product Owner* não é adequado.

A necessidade da coexistência entre a agilidade do desenvolvimento de *software* e a gestão preditiva corporativa nos fez necessária a adoção da Gestão Híbrida. Esse modelo de gestão se justifica pela obrigatoriedade do planejamento de longo prazo exigido, combinado com um alto grau de variação de prioridades por conta do surgimento tempestivo de marcos regulatórios oriundos da política econômica, que devem ser atendidos no curto prazo, e pelas atividades de sustentação dos produtos pela mesma equipe.

Porém, esse processo de trabalho, que combina a gestão ágil com a preditiva, estabeleceu-se de forma não planejada. Dessa maneira, percebe-se uma falta de conexão entre os dois modelos, uma vez que, não necessariamente, informações de métricas e controles aferidos por um processo servem de entrada para o outro processo. Isso se reflete também em um ambiente pouco propício à experimentação de novas formas de trabalho com o objetivo de tornar o trabalho mais fluido. A abordagem em relação ao escopo das demandas e à priorização também se apresentam de formas divergentes entre os modelos.

Outro fator relevante foi a estratégia de contratação de serviços terceirizados como mecanismo de alavancagem de produtividade. A contratação foi feita no modelo de fábricas, tanto para desenvolvimento quanto para os testes de *software*, por escopo fechado e a utilização da técnica de pontos de função para a remuneração dos serviços.

Das oportunidades de melhoria dessa estratégia podemos destacar:

» Não foram incorporadas à técnica de contagem de pontos de função as características do negócio, que é altamente complexo. Dessa forma, a contrapartida dos pagamentos é muitas vezes desequilibrada para o prestador de serviço.

» Por contornar o desequilíbrio financeiro, o prestador passou a alocar profissionais menos qualificados e, por consequência, a qualidade do serviço entregue foi prejudicada.

» A organização não se estruturou adequadamente para as atividades relacionadas às de contagem de pontos de função, o que ocasionou um envolvimento além do esperado da equipe interna e um recorrente questionamento sobre o resultado da contagem pelo fornecedor, trazendo conflito para a relação.

» O uso do escopo fechado para a contratação de serviços provocou um excesso de acordos contratuais de difíceis rearranjos frente às mudanças frequentes de prioridades, o que ocasionou ineficiência e frustração para ambos os envolvidos.

Outro aspecto sobre a organização das equipes foi a adoção de um modelo de certificação de *software* apartado da equipe de desenvolvimento. A motivação para essa estratégia foi a de estabelecer um maior foco na qualidade e na automação de testes. Essa estratégia não foi bem-sucedida pelos seguintes motivos:

» A montagem de uma equipe de certificação apartada em um ambiente altamente complexo exige um investimento muito grande de tempo no desenvolvimento dos seus membros e com a colaboração de outras equipes, mas a estratégia de implantação não considerou essas necessidades e o retorno não ocorreu após dois anos de sua implantação.

» A automação exige um conhecimento técnico especializado e um plano estratégico bem elaborado para a sua implantação, mas no perfil da equipe de certificação não foram incluídos colaboradores com as *expertises* necessárias.

» A estratégia de automação não envolveu a equipe de desenvolvimento, o que trouxe desconfiança sobre a eficiência dos testes entregues.

» A estratégia não alinhada das equipes provocou duplicação de esforços, desconfiança e falta de colaboração.

Quanto ao fluxo de valor, podemos representar essa organização pelo esquema apresentado na Figura 16.1.

Ações com base em Gestão Híbrida aplicadas nessa organização e pontos de melhoria da abordagem utilizada

A partir do relato apresentado, relacionamos a seguir algumas ações que foram tomadas ou estão em curso, além de indicar algumas sugestões a serem aplicadas para conectar as iniciativas e aumentar a eficiência da gestão:

1. **Backlog de produto único**

    › **Situação atual**: recentemente foi institucionalizado um escritório de projetos que tem feito o alinhamento entre as demandas do PDTI e outras demandas emergentes que impactam as atividades prioritárias das equipes de desenvolvimento ágil adaptativo.

Capítulo 16 | *Cases* TI – Gestão Ágil Coexistindo com a Gestão Preditiva

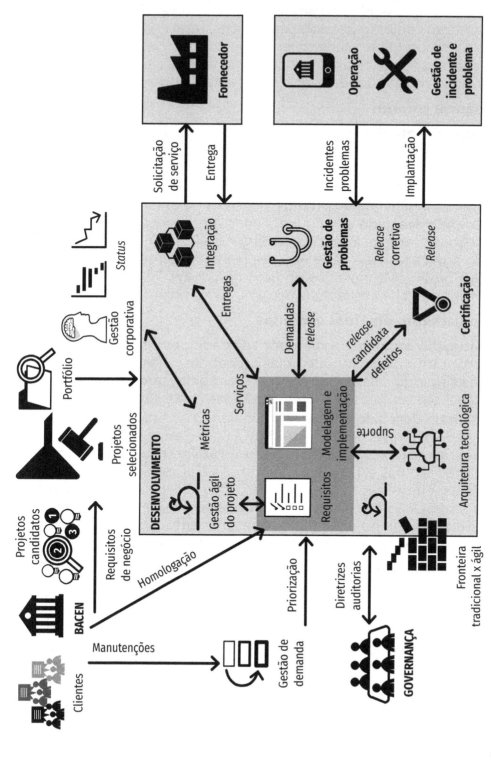

Figura 16.1 Fluxo de valor da Gestão Híbrida em um contexto bancário.

> **Cenário desejado**: melhorar a integração quando demandas envolvem mais de uma equipe ou envolvem fornecedores. Promover o planejamento conjunto das equipes que possuem muitas dependências em comum. Esse planejamento em comum deve ser mais amplo do que apenas estabelecer compromissos de entregas em datas futuras, registrados em uma ferramenta de governança.

2. Cadência comum

> **Situação atual**: nos últimos anos, conseguiu-se instituir o uso de um ciclo de vida incremental fundamentado no Scrum com iterações de três semanas. Essa abordagem tem permitido que o trabalho se organize em função de *Releases*, que são as entregas visíveis para a gestão preditiva (marcos no Plano de Projeto).

> **Cenário desejado**: em alguns cenários nos quais a mudança de prioridades ocorre de forma muito dinâmica, instituir um fluxo unificado de atividades para cada equipe, incluindo demandas de evolução dos produtos e a criação de novos produtos. Tratar a resolução de incidentes ou demandas emergenciais como um fluxo apartado.

3. Planejamento em duas camadas

> **Situação atual**: o planejamento das equipes de desenvolvimento adaptativo é direcionado pelas demandas de alto nível (preditivo), restringindo a flexibilidade na execução das tarefas. Experimentação e provas de conceito são limitadas neste cenário.

> **Cenário desejado**: alinhar as fronteiras de atuação entre as demandas de alto nível do PDTI (preditivo) com o andamento das atividades das equipes de desenvolvimento adaptativo para se aumentar a precisão nas estimativas de entrega e aumentar a possibilidade de experimentação das equipes. Como consequência, imagina-se a diminuição do trabalho em progresso com reflexos na diminuição das demandas do PDTI em andamento. Aproximar o escritório de projetos das equipes de desenvolvimento.

4. Revisão da iteração

> **Situação atual**: os critérios de conclusão das iterações se baseiam atualmente na verificação em alto nível do *Product Owner* (que funciona como um representante dos clientes finais) e na validação do produto por meio de testes funcionais essencialmente manuais (preditivo). O alinhamento do valor das entregas para os clientes, quando realizado, ocorre somente ao fim dos longos ciclos (*Releases* ou ao término do projeto). Além disso, não existem critérios que verifiquem a qualidade do produto (requisitos não funcionais).

> **Cenário desejado**: simplificar o fluxo de trabalho, tornando-o mais fluido, deixar mais claros e robustos os critérios de aceitação das

Capítulo 16 | *Cases* TI – Gestão Ágil Coexistindo com a Gestão Preditiva

entregas em cada etapa do fluxo e investir na automação de testes e em práticas de *DevOps*, como a integração contínua. Aproximar os clientes do *Product Owner* e, com seu apoio, buscar que os critérios de aceite, de fato, verifiquem se as entregas se aproximam do seu real propósito. Além disso, em razão da dificuldade do negócio, o grupo está iniciando alguns experimentos com o uso de *Acceptance Test-Driven Development* (ATDD), organizando os testes de aceitação em um formato requerido pelo *framework* de automação de testes que possa ser elaborado pelo *Product Owner* e utilizado pelos desenvolvedores, para auxiliar no entendimento da solução desejada.

5. Comunidade de prática

> **Situação atual**: apesar de prevista esta prática, a alta quantidade de trabalho em progresso não permite um tempo dedicado para se investir na melhoria contínua. A falta de interação entre as equipes provoca pelo menos dois fatores indesejáveis: a duplicação de esforços em busca de soluções para problemas comuns e a formação de silos.

> **Cenário desejado**: estabelecer uma rotina de troca de experiências entre as equipes com o objetivo de promover a melhoria contínua de forma estruturada e patrocinada pela alta gestão, tornando, assim, os fluxos de trabalhos mais eficientes e com maior qualidade.

6. Subcontratação de serviços de desenvolvimento

> **Situação atual**: entregas de baixa qualidade, excesso de reuniões de alinhamento entre empresas, grande esforço para dimensionar o esforço do serviço a ser contratado (mesmo que dividido em Ordens de Serviços) e discordâncias recorrentes sobre o cumprimento de contratos.

> **Cenário desejado**: entregas com mais qualidade, uso de padrões corporativos para facilitar o desenvolvimento de soluções, contratos mais flexíveis respeitando as variações de prioridades e escopo (base da Agilidade), simplificação no processo de contratação de serviços e um cenário de parceria entre as partes.

7. Certificação do produto e automação por equipes separadas

> **Situação atual**: sentimento de competição entre duas equipes, baixa cobertura de automação, automação ineficaz e excesso de burocracia contratual entre equipes da mesma empresa.

> **Cenário ideal**: trabalho colaborativo, uma estratégia de testes bem elaborada e eficiente, mudar a responsabilidade da automação de testes para a equipe de desenvolvimento adaptativo recolocar essa atividade dentro do fluxo de entrega. Rever o conceito

de pronto atrelado à automação, incorporar o uso do *Work in Progress* (WIP) para distribuir o foco em todas as etapas do fluxo e reavaliar a necessidade de uma equipe de certificação que atue com base em testes manuais, o que pode ter o seu valor dada à complexidade do negócio.

Conclusão

Cada organização deve buscar a melhor forma de responder às mudanças que se fazem necessárias em razão da nova Economia Digital. Um modelo de Gestão Híbrida pode ser uma estratégia aplicável às organizações tradicionais, permitindo que se combine novas práticas com outras preditivas e molde-se melhor às estruturas existentes, causando menos impactos. O esforço em aproximar a gestão preditiva da gestão ágil com práticas da Gestão Híbrida são essenciais para tornar a organização mais eficiente e, consequentemente, tornar o ambiente mais propício a se construir soluções eficazes.

CAPÍTULO 17
DESMISTIFICANDO A VISÃO HÍBRIDA COM O PMO ÁGIL EM UMA EMPRESA DE MARKETING *ON-LINE* PARA TELECOM

Júnior Rodrigues

Introdução

Em empresas que trabalham com a execução de certa quantidade de projetos, a implantação de um escritório de gestão de projetos (*Project Management Office* – PMO) surge da necessidade de centralizar e padronizar a gestão de projetos dentro de um contexto, sendo considerada uma boa prática de mercado.

O PMO é uma unidade organizacional centralizada que supervisiona a gestão de projetos, com o intuito principal de: padronizar a metodologia; alocar recursos aos projetos; reportar os resultados para a alta gestão; suportar os projetos e treinar os recursos em Gestão de Projetos (GP); e prover mentores ou especialistas, fornecendo informações para as equipes (HILL, 2004).

Na esteira do Manifesto Ágil e com a adoção cada vez maior desse *mindset* nas organizações, é necessário compreender que a abordagem ágil não é fundamentada em tecnologia, mas sim em pessoas em primeiro lugar.

Nesse sentido, e justamente por estar ligado à visão preditiva de projetos, na qual se tem um foco maior em processos e ferramentas, o PMO precisa mudar sua forma de atuação e apoiar a organização nessa transformação para que os resultados sejam alcançados, principalmente:

» **Compreender a necessidade de mudar a cultura**: a alta gestão precisa apoiar uma mudança cultural que alcance toda a organização.
» **Promover um *mindset* ágil**: a transformação ocorrerá a partir da formação de um ambiente no qual a Agilidade esteja presente, com eliminação de desperdícios e retrabalhos e o fomento à colaboração e cocriação.

» **Eliminar vaidades hierárquicas**: um ambiente ágil se baseia na autogestão e na liderança, em que cargos deixam de ter importância.
» **Focar no valor ao cliente**: a transformação não será efetiva se não se traduzir em uma entrega de valor em seus produtos e serviços aos clientes.

Conceitos

Antes de apresentar o caso, é importante conceitualizar algumas abordagens que seguem nessa linha e como seria um PMO atuando em um ambiente ágil, conforme as seguintes visões.

Project Management Office de alto impacto

É importante destacar que o PMO deve desenvolver uma compreensão global, para além do tradicional triângulo de ferro do projeto (tempo, custo e escopo), formando uma nova tríade composta de mais dois aspectos: os benefícios e o ambiente do projeto (HUSSER, 2017). Com isso, a chamada Tripla Restrição passa a ser só uma das pontas desse novo Triângulo de Valor (Figura 17.1).

Figura 17.1 Triângulo de Valor.
Fonte: adaptada de Muniz *et al.* (2019).

Project Management Office Ágil

Outra visão que busca trazer o escritório de projetos para a Agilidade de forma a permitir sua implementação a partir de ciclos independentes, um para a estruturação/revisão (definir modelo de negócio, análise de maturidade etc.), outro para a execução/monitoramento de *sprints* multiprojetos (planejamento, cerimônias etc.).

Capítulo 17 | Desmistificando a Visão Híbrida com o PMO Ágil

Cabe ressaltar que, independentemente das funções que o PMO executará para atender às expectativas de seus *stakeholders* e entregar os benefícios esperados, pode-se adotar um modelo ágil – como o PMO Ágil de Fábio Cruz (CRUZ, 2016).

Value Management Office

Existem diversos autores e empresas que têm trazido uma nova visão para essa estrutura que foca nas iniciativas organizacionais para o alcance dos objetivos, com nomenclaturas diversificadas e que, geralmente, estão em linha com a mensagem que se quer passar, como o *Value Management Office* (VMO) (PWC, 2019), que vem sendo adotado por diversas empresas.

Nessa abordagem, a estrutura é adaptável à mudança. Tem um foco muito maior em times para entrega de valor e que atuam para a entrega real desse valor ao cliente, mentorar e fazer *coaching* nos times, e em maximizar o fluxo de trabalho e reduzir o desperdício.

Value Delivery Office

O *Value Delivery Office* (VDO) é uma abordagem presente na 7ª edição do *Guia PMBOK* e que já havia sido apresentada por Anup Deshpande (2018), em um vídeo no qual ele fala sobre como transformar seu PMO em um VDO e obter conhecimento sobre métricas de realização de valor no nível da organização.

Para o PMI (2021), o VDO é uma estrutura de suporte à entrega de projetos que foca em realizar o *coaching* de times, desenvolvendo a capacidade e as habilidades ágeis por toda a organização, mentorando patrocinadores e *Product Owners* a serem mais efetivos nos seus papéis.

Ainda, ao longo do guia, o PMI (2021) coloca o VMO como uma alternativa ao PMO para revisar e adaptar as abordagens de entrega, provendo ideias e soluções aos times, servindo como um habilitador para as equipes e áreas, principalmente sendo aderente a contextos nos quais uma abordagem mais adaptável é usada.

Modelo Agile Management Office

Como o foco dessa estrutura passa em ser adaptável (daí adotando o termo *Agile*, o qual possui em seu cerne o sentido de adaptação) ao contexto em que se encontra, Muniz *et al.* (2019) apresentam uma abordagem que foca em um escritório de gestão ágil (AMO – *Agile Management Office*) de forma muito mais ampla, derrubando o "P" ligado essencialmente a Projetos.

É denominado dessa forma, pois prevê uma estrutura que atue em um contexto tanto de projetos (que usem abordagens ágeis, híbridos ou prescritivos) quanto em uma organização focada por produtos (como o modelo de tribos), ou outras iniciativas que permitam o alcance dos resultados estratégicos.

O principal ponto é que, independentemente da abordagem de execução e entrega utilizada pelos times, de acordo com a necessidade de cada projeto, um *mindset* ágil é extremamente necessário à organização como um todo.

Isso porque entende-se que as organizações podem estar mais bem preparadas para enfrentar os desafios do mundo VUCA – acrônimo em inglês para Volátil, Incerto (*Uncertainty*), Complexo e Ambíguo –, referindo-se ao mundo atual, que muda o tempo todo, no qual não se sabe o que acontecerá no minuto seguinte, globalizado e interdependente, e em que não se tem uma resposta ou abordagem única para as situações enfrentadas (LAWRENCE, 2013).

Isso impacta diretamente as organizações, no que tange à execução de seus projetos e alcance dos objetivos estratégicos, a partir de uma nova abordagem completa e adaptável para a implementação e gestão de seu AMO, em três macromomentos:

1. **Setup**: o ponto principal dessa etapa é entender o que se espera do AMO, por meio de um entendimento claro do propósito da organização e do próprio escritório ágil, e, assim, realizar uma estruturação que não é estanque, sendo necessário avaliar periodicamente se o AMO continua aderente às necessidades da organização, bem como se alinhar qual é o *backlog* de atuação do próprio AMO.

2. **Execução**: tendo seu *backlog* definido, nem todas as iniciativas serão realizadas ao mesmo tempo, necessitando definir com os *stakeholders* a priorização de seus projetos e, com isso, o *roadmap* de ações para o período de execução e acompanhamento, além de garantir que as entregas sejam válidas.

3. **Inspeção**: realizar a gestão de portfólio, desde a fase de ideação, execução e iniciativas entregues, com sua revisão e efetiva comunicação. Reportar os resultados à alta gestão e servir de insumo para a estratégia, além de identificar as lições aprendidas e buscar a melhoria contínua das iniciativas.

O mais importante para o AMO dentro desse contexto de transformações é que essa estrutura deve assumir um protagonismo quanto às mudanças, credenciando-se para liderar esse processo nas organizações.

Com isso, abandona-se a visão tradicional, burocrática e de comando e controle, migrando para uma versão adaptável às necessidades da empresa, capaz de compreender o mundo VUCA e trazer os resultados estratégicos esperados.

Capítulo 17 | Desmistificando a Visão Híbrida com o PMO Ágil

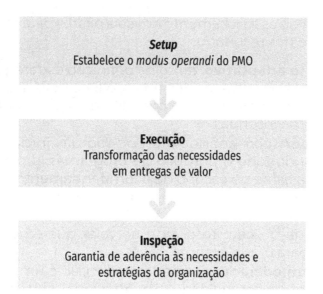

Figura 17.2 Do VUCA ao valor com AMO.

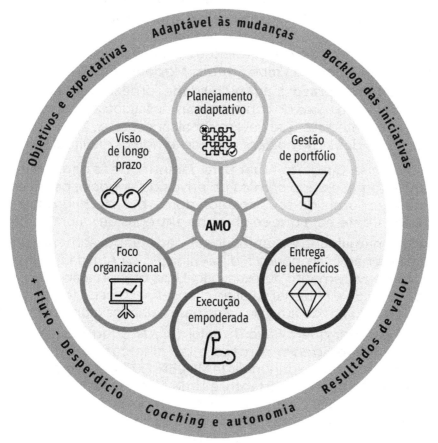

Figura 17.3 Pilares do AMO.

O AMO baseia-se essencialmente em seis pilares para apoiar a organização no alcance dos resultados:

1. **Planejamento adaptativo**: tanto na definição estratégica quanto no planejamento das entregas dos times, o foco deve ser na adaptação às mudanças do mercado e do contexto em que a organização e as iniciativas estão inseridas.
2. **Gestão de portfólio**: considera o *backlog* das iniciativas organizacionais, olhando todo o portfólio de programas, projetos, produtos, parcerias que estão no escopo de acompanhamento da área.
3. **Entrega de benefícios**: o foco deixa de ser somente na execução, mas, principalmente, no porquê as iniciativas estão sendo realizadas, qual problema buscam resolver e no valor que é gerado de forma antecipada para o usuário final.
4. **Execução empoderada**: a tomada de decisão é um aspecto importante no alcance da agilidade organizacional e precisa ser fomentada nos times, por meio de *coaching* para o desenvolvimento dos colaboradores e fornecendo a autonomia necessária.
5. **Foco organizacional**: mesmo nas iniciativas que não estiverem dentro do âmbito do AMO, é preciso se identificar possíveis sinergias, eliminando retrabalho e desperdício, e buscando maximizar o fluxo dos processos, incluindo o *Value Stream Mapping* (VSM).
6. **Visão de longo prazo**: a adaptabilidade fornece a capacidade de lidar com as mudanças do contexto, mas nos ajuda a manter o foco nos objetivos estratégicos que devem ser alcançados e no atendimento às expectativas dos *stakeholders*, a fim de atingir os resultados esperados.

O AMO precisa, portanto, atuar para garantir que as equipes possuam o alinhamento necessário com os objetivos de negócio, bem como em permitir a autonomia de seus colaboradores, buscando um nível máximo em cada frente para que se obtenha entregas de valor.

Falando em Agilidade Organizacional, não adianta somente uma área da empresa ser ágil, tampouco a disseminação da Agilidade deve se restringir ao desenvolvimento ou execução. Uma organização que pretende ser ágil de verdade e entregar valor ao cliente final precisa ter uma visão do todo – do início ao fim do fluxo de valor, nas melhorias globais e não locais.

O foco é garantir que o fluxo de valor (*Value Stream*) seja otimizado fim a fim. O *Value Stream* começa e termina com o cliente, provendo *insights* sobre sua experiência (AMBLER, 2020) e seu mapeamento (*Value Stream Mapping*), portanto, é uma ferramenta Lean, usada para documentar, analisar e melhorar o fluxo de informações ou materiais necessários para produzir um resultado para o cliente.

Ainda, o *Value Stream Mapping* demonstra as etapas críticas em um processo e o tempo gasto em cada uma, usado para identificar desperdícios (PMI, 2021). É tido como um meio de melhorar o desempenho de sua organização como um todo, e não somente para a melhoria de um processo apartado (ROTHER; SHOOK, 1999). Tem por objetivo romper com a visão departamentalizada e enfatizar as inter-relações para a criação de valor, desde a demanda até chegar aos clientes finais.

Case – Empresa de marketing *on-line* para Telecom

Esse *case* é embasado em uma empresa na qual o autor atuou na implementação e liderou um PMO dentro de um ambiente ágil, em que foram adotadas algumas das abordagens existentes de forma combinada, que acabaram por desembocar na criação do modelo AMO.

Ao longo da implementação do PMO Ágil, foram identificadas e realizadas algumas ações, inicialmente definindo os macro-objetivos e realizando uma pesquisa de maturidade em gestão de projetos e agilidade, adaptada do MMGP (PRADO, 2010; RODRIGUES JÚNIOR, 2015) para considerar o ágil, com o intuito de identificar pontos de atenção e dificuldades em maximizar o uso da Metodologia Ágil, além de garantir a aderência do PMO ao negócio.

Como resultado de entrevistas, reuniões e pesquisa, cujo nível de maturidade alcançado foi 2,1 (nível conhecido, com o despertar para o assunto e iniciativas isoladas), foi possível ter um diagnóstico do contexto e a identificação de problemas, para os quais foram definidas algumas ações a serem realizadas ao longo do tempo e otimizar o alcance dos resultados. Observe o Quadro 17.1.

Quadro 17.1 Plano de ação

Descrição do problema	Ação	Prazo
Falta de conhecimentos básicos de GP, *Agile* e do papel do PMO	Realizar *workshop* com os envolvidos nos projetos	Curto
Falta de responsável principal nos projetos	Definir responsáveis	Curto
Prazos/estimativas não definidos ou claros	Validar prazos existentes e definir previsões para os que não possuem	Curto
Falta de recursos para executar projetos	Readequar equipes/prazos de acordo com as prioridades dos projetos	Curto/médio
Problema de escopo/requisitos nas demandas	Ajustar processo de recebimento de demandas	Curto/médio
Dificuldade de adequar entregas às demandas	Definir SM/GP para todos os projetos. Aproximar POs no contato com os clientes	Curto/médio

Continua

Continuação

Descrição do problema	Ação	Prazo
Falta de alinhamento sobre *Agile* na empresa	Realizar palestra sobre o tema	Curto
Subutilização da metodologia e processos	Realizar treinamento com as equipes: *Workshop* Ágil	Curto/médio
Dificuldade de adequar entregas às demandas	Realizar treinamento com POs	Curto/médio
Subutilização da metodologia e processos	Realizar treinamento com as equipes: TFS	Curto/médio
Gaps comportamentais dos envolvidos	Programar treinamentos • *Design Sprint* • *Design Thinking* • *Management 3.0*	Médio

As ações propostas estavam sendo realizadas, mas, embora os times de desenvolvimento já atuassem com o *framework* Scrum de maneira satisfatória e estivessem evoluindo bem até então, a departamentalização da empresa impedia uma melhor integração e comunicação entre as áreas.

A fim de reduzir essas barreiras e permitir um fluxo de comunicação mais efetivo entre os colaboradores, e após uma análise das práticas do mercado, foi definido em conjunto com as áreas e a Presidência da empresa que era necessário passar por uma migração para o modelo de tribos e *squads*.

Fundamentado no modelo adotado no Spotify, as tribos se constituem na união de pessoas de várias áreas em um ou mais *squads*, que se refere a um time ágil e multifuncional que atuam de forma colaborativa para a entrega de um objetivo comum e resultado de valor ao cliente (KNIBERG; IVARSSON, 2012).

Essa abordagem também permitiu uma melhor organização do trabalho dos times e suas entregas, com a dedicação e responsabilidade de todos os membros, melhorando a governança por parte do PMO Ágil, e a autogestão do time com relação às atividades necessárias para realizar seu trabalho e entregar o resultado ao cliente.

A fim de permitir um maior foco no produto com entregas de valor, a adoção desse modelo teve como premissa integrar membros do Comercial (negócios), Marketing e Desenvolvimento por cliente. Dentro desse contexto, o papel do PMO Ágil foi melhor, passando a atuar em:

» **Interagir com todas as tribos**, apoiando os líderes na remoção de impedimento e na interface com outras áreas da empresa.

Capítulo 17 | Desmistificando a Visão Híbrida com o PMO Ágil

» **Promover integração entre as tribos e disseminação de boas práticas**, principalmente para a evolução dos produtos, bem como no aproveitamento de funcionalidades e de especialidades.

» **Coordenar a atuação conjunta das tribos nas entregas de projetos estratégicos**, usando práticas ágeis em escala para integração e sincronização das entregas com foco único.

» **Fomenta a entrega antecipada de valor**, apoiando no alinhamento das entregas esperadas pelos clientes com os objetivos estratégicos.

» **Fornece *coaching* e maximiza a adoção da Agilidade**, desenvolvendo os colaboradores e realizando os treinamentos necessários para a evolução da maturidade e resultados.

» **Dá visibilidade aos *shareholders* sobre os avanços das entregas**, realizando o reporte das entregas e resultados alcançados para a Diretoria, a Presidência e o Conselho Administrativo.

Além do apoio na adoção do modelo de tribos, uma abordagem mais colaborativa e integrada do PMO Ágil com os times foi fundamental para apoiar a entrega de resultados, garantir o alinhamento estratégico e reportar os avanços que eram obtidos com mais assertividade.

Uma visão clara dos objetivos da organização e do portfólio de iniciativas, além da proximidade com o nível estratégico, também contribui para uma atuação focada no mercado, nas oportunidades de negócio e nas necessidades dos clientes, com o PMO Ágil passando a identificar e estabelecer parcerias com outras empresas para a criação de soluções conjuntas.

Além de o PMO Ágil coordenar o trabalho em escala (quando era necessária a atuação de mais times em conjunto para o alcance de um objetivo comum, usando práticas do SAFe [ver Capítulo 8]), era usada uma abordagem preditiva para projetos em que se fazia necessário, como em infraestrutura e implantação de sistemas mais complexos internamento, como financeiro.

Conforme apresentado, é extremamente viável a existência de um PMO com a adoção de abordagens ágeis, que permitam a adaptação da sua forma de atuação às novas tendências de mercado, apropriando-se de novas práticas e técnicas, bem como assumindo o protagonismo na transformação e no alcance dos objetivos organizacionais.

É preciso não somente mudar a própria maneira como essa área se enxerga, mas especialmente como é vista pela empresa, valendo-se cada vez mais da Agilidade e do foco no produto. Além de sempre ter como base as expectativas dos *stakeholders* para entregar os benefícios esperados, entregando valor de forma contínua, evolutiva e permanente aos usuários e à organização como um todo.

Gestão Híbrida de Projetos | Casos Práticos em Diferentes Contextos e Cenários

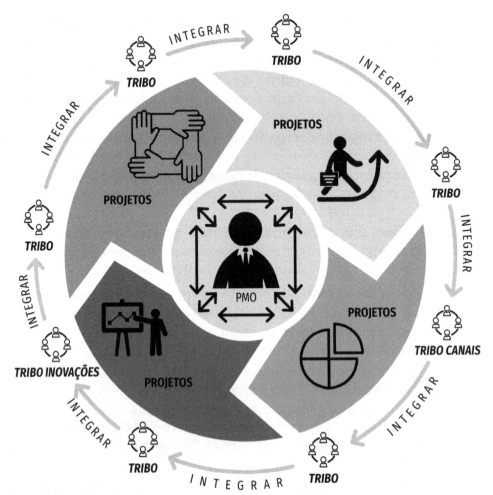

Figura 17.4 PMO Ágil e tribos.

Conclusão

Para que seja possível um alinhamento cultural e organizacional mais próximo da Agilidade, o negócio e sua gestão precisam estar mais conectados e alinhados com o pensamento ágil. Por isso, a importância de um PMO Ágil estar presente em organizações cujos projetos possuem ciclos de vida ágeis.

PARTE V
GOVERNO

Já sabemos o quanto os projetos na área do governo são desafiadores por diversos pontos, como as restrições tecnológicas, premissas sobre estimativas e orçamento, e o escopo que deve ser aprovado e definido antes do início do projeto.

Como a abordagem adaptativa possui exatamente um paradigma voltado ao escopo evolutivo e com foco em estimativas progressivas e adaptáveis, de acordo com o time, muitas vezes parece impeditivo usar uma abordagem de Gestão Híbrida nos governos.

O *case* apresentado nesta parte mostra as lições aprendidas da utilização de práticas híbridas nesse contexto.

CAPÍTULO 18
PROGRAMA AMAZÔNIA CONECTADA: GESTÃO HÍBRIDA E ESCALADA PARA A CONSTRUÇÃO DA INFRAESTRUTURA DE TELECOMUNICAÇÕES NA AMAZÔNIA

Luciano Sales
Alexandre Caramelo

Questões sobre escala em projetos e programas

Ao contrário de projetos de pequeno porte, a coordenação e sincronização de atividades são cruciais em programas e em projetos de grande porte. Segundo Venkatesh e Rakhra (2020), a **coordenação das interfaces das equipes** é um dos maiores problemas quando um projeto ou programa adota abordagens ágeis de forma escalada.

Para Gustavsson (2020), os problemas de coordenação são causados por interdependências entre os vários elementos de um projeto ou programa que restringem o modo como determinadas tarefas podem ser executadas. Além disso, nem todas as equipes que trabalham para a finalização da entrega possuem a mesma maturidade, experiências e habilidades técnicas. Ou seja, algumas equipes serão mais lentas do que outras. Em razão dessa **heterogeneidade**, é natural que problemas ocorram durante as etapas de integração (VENKATESH; RAKHRA, 2020).

O *Disciplined Agile*® (DA™) recomenda que, em programas, seja adotada uma fase explícita para a iniciação, ou seja, para o aprendizado inicial sobre os benefícios esperados, sobre as partes interessadas envolvidas, as soluções técnicas dos empreendimentos, além da organização do programa e dos times.

É natural que os times escolham e desenvolvam sua forma de trabalho, pois os projetos não necessariamente serão beneficiados pelo uso de uma abordagem única. Um aspecto interessante também articulado por muitas implementações escaladas do ágil é o emprego de Comunidades de Prática, uma vez que estas, comprovadamente, ajudam a adaptar os métodos adaptativos ao contexto organizacional (KAHKONEN, 2004, p. 2-10; MASSARI, 2018).

Gestão Híbrida de Projetos | Casos Práticos em Diferentes Contextos e Cenários

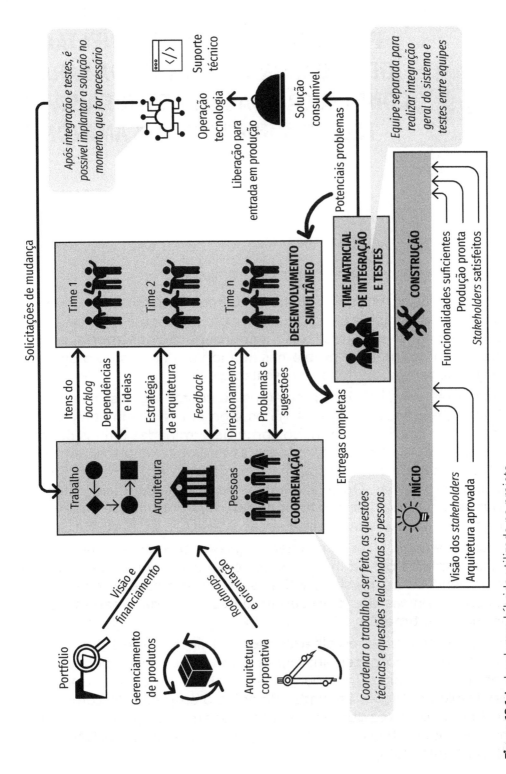

Figura 18.1 A abordagem híbrida utilizada no projeto. Fonte: adaptada de Ambler e Lines (2020).

Capítulo 18 | Programa Amazônia Conectada

Como mostrado na Figura 18.1, na etapa de construção das capacidades e realização dos benefícios, o gerente de programa deve assegurar a **coordenação do trabalho a ser feito, das questões técnicas entre projetos e das dependências entre os times**. Como cada time terá a liberdade de escolher sua forma de trabalho e as equipes terão que colaborar entre si para concluir suas tarefas; a mera adoção do Ágil não resolverá o problema de dependências. Logo, a existência de dependências, quando não gerenciadas, tornam um empreendimento mais lento.

O entendimento e a boa gestão das dependências somados à determinação da velocidade dos times mensurável, após algumas iterações, pode nortear a cadência comum determinada no nível do programa. Afinal, conhecendo o esforço total previsto para as entregas e a velocidade média dos times em um breve histórico de iterações, é possível estimar a quantidade de iterações necessárias e, portanto, ter um referencial para a cadência (COSTA, 2020).

Além disso, é possível observar na Figura 18.1 que o DA™ sugere a adoção de um time de integração para alavancar os testes entre times, a consistência das capacidades e a integração sistêmica dos resultados, gerando, assim, um fluxo constante para a entrega dos benefícios previstos para o programa.

Contexto e escolhas: optando pela abordagem híbrida

Para o DA™, o contexto é tão importante para o gerenciamento de projetos e os respectivos ciclos de vida, que foi adotado como um princípio por esse guia:

> Pessoas e equipes trabalharão de maneira diferente dependendo do contexto de sua situação. Cada pessoa é única, cada equipe é única e cada equipe se encontra em uma situação única. (...) Nossa equipe trabalhará de maneira diferente da sua, porque somos pessoas diferentes com nossos conjuntos de habilidades, preferências e experiências únicas.

No *Guia FLEKS*, desenvolvido por Costa (2020), o gerenciamento de projetos híbridos é uma ampla área de estudo na qual organizações e equipes de projeto aplicam processos, técnicas, ferramentas e práticas de diferentes abordagens (preditivas e/ou adaptativas).

Se o contexto varia para cada projeto, faz-se necessário escolher as práticas mais adequadas diante dos diversos cenários possíveis. É uma habilidade dos líderes de projeto, orientarem as equipes para que sejam capazes de realizar escolhas em proveito dos resultados para os seus projetos. Tal habilidade é também reforçada na 7ª edição do *Guia PMBOK*, na forma de um domínio de desempenho chamado **time**. Considerando que, para os times, "ter escolhas é bom", eis outro princípio para o gerenciamento de projetos, conforme o DA™:

Gestão Híbrida de Projetos | Casos Práticos em Diferentes Contextos e Cenários

Para ser eficaz, uma equipe deve ser capaz de escolher as práticas e estratégias para lidar com a situação que enfrenta. A implicação é que eles precisam saber quais são essas escolhas, quais são as compensações de cada uma e quando (não) aplicar cada uma delas.

Embora vários estudos argumentem que as abordagens híbridas são utilizadas por conta de uma relutância das organizações em adotar as práticas ágeis, pode-se observar diversos casos nos quais a implementação de abordagens híbridas também é uma tentativa de enfrentar os vários desafios de um projeto, como a busca de equilíbrio entre a atuação da camada de gestão e a camada de desenvolvimento.

Estudo de caso: Programa Amazônia Conectada

O Programa Amazônia Conectada (PAC) nasceu da necessidade estratégica de conectar as unidades do Exército Brasileiro espalhadas pela Amazônia com canais de transmissão de dados de alta velocidade seguros e confiáveis. À primeira vista, a maneira mais prática seria mediante a utilização das comunicações satelitais.

Todavia, os altos custos envolvidos, somados às condições particulares de propagação atmosférica, características da região, aconselharam o uso da fibra óptica. Após detalhados estudos, a opção foi pelo lançamento de cabos subfluviais, com inspiração nos inúmeros cabos transatlânticos que formam a espinha dorsal das modernas redes mundiais de comunicações, conforme ilustrado pela Figura 18.2.

Tal conduta, além de ser menos dispendiosa, mostrava-se muito menos agressiva ao meio ambiente, quando comparada ao lançamento de redes aéreas ao longo da calha dos rios. Agregando valor à iniciativa, estava seu caráter eminentemente dual, uma vez que os demais entes governamentais presentes na região poderiam tirar proveito do projeto para viabilizar suas ações em benefício das populações interioranas.

Figura 18.2 Programa Amazônia Conectada.
Fonte: Exército Brasileiro [2014?].

Capítulo 18 | Programa Amazônia Conectada

Desde seu planejamento inicial, com a definição dos cinco projetos que fazem parte desse empreendimento, percebeu-se que cada um desses projetos possuía características únicas, alguns com requisitos bastante estáveis e outros, em razão do alto grau de complexidade e inovação, com requisitos instáveis. No entanto, mesmo com suas particularidades, apenas de forma integrada esses projetos seriam capazes de entregar os benefícios para o qual o programa foi financiado.

A partir do ano de 2020, com o início do Estágio 4, fruto de dificuldades na **coordenação das várias equipes heterogêneas**, da complexidade do trabalho e das soluções técnicas, da rotatividade dos integrantes das equipes, além da distância geográfica entre essas equipes, agravada pela pandemia do coronavírus, optou-se por uma **abordagem híbrida** para o gerenciamento do PAC.

Adotando um único *backlog* para o programa, com seu respectivo gerente de programa e gerentes de projetos interagindo em um planejamento em duas camadas, as cerimônias e práticas das abordagens ágeis são utilizadas em conjunto com as práticas preditivas para que o ritmo das entregas, a qualidade dos produtos e serviços e os desafios que são inerentes à legislação em empreendimentos públicos resultassem em benefícios para a população brasileira da Amazônia.

Principais práticas adotadas pelo Programa

Optou-se pela utilização de um único **backlog para o programa**, que é coordenado pelo gerente do PAC. Percebe-se que uma prática adaptativa, como a concentração dos itens de trabalho em um *backlog* (que torna todo o trabalho visível para todos os times e partes interessadas), convive com uma estrutura tipicamente preditiva, que, a princípio, serviria para realizar o comando e o controle das iniciativas. Essa aparente contradição é apenas um exemplo da necessidade de se considerar o contexto para fazer escolhas em um ambiente de projetos e programas.

Outra prática adotada para minimizar o problema das equipes heterogêneas foi o uso de uma **cadência comum para os times**. Utilizam-se iterações com duração de 15 dias, independentemente da abordagem escolhida pelas equipes. Esse tipo de escolha foi realizado no nível do programa para facilitar a coordenação e garantir que o fluxo de trabalho permita maior integração das capacidades desenvolvidas pelas equipes. Assim, no último dia da iteração, realiza-se a **reunião de revisão da iteração** com participação de representantes das equipes, do gerente do programa e outras partes interessadas indicadas pelo gerente do programa.

Buscando equilibrar a estrutura de governança do programa (no estilo Comando e Controle) com a necessidade de uma gestão distribuída, dando liberdade para as equipes, optou-se por um **planejamento em duas camadas**, como pode ser visto na Figura 18.3.

Gestão Híbrida de Projetos | Casos Práticos em Diferentes Contextos e Cenários

O planejamento ocorre no início da iteração, com as equipes discutindo os itens de trabalho que fazem sentido dentro do seu contexto e entregas previstas. O gerente do programa atua como PO, com responsabilidade sobre o refinamento do *backlog* do programa. Além disso, ele direciona essa primeira etapa do planejamento, esclarecendo dúvidas das equipes e vinculando a meta da *sprint* com os benefícios do programa.

A segunda camada de planejamento ocorre no nível das equipes, com cada equipe utilizando sua forma de trabalho previamente escolhida. O projeto Infovias, por exemplo, detalhará sua Estrutura Analítica de Projeto (EAP): seus pacotes de trabalho, tarefas, cronograma e riscos. O projeto gestão dos serviços de TI definirá as tarefas a partir dos itens de trabalho que foram escolhidos/priorizados para a *sprint*. Esse é um exemplo prático de abordagem híbrida, na qual as práticas escolhidas dependem do contexto das equipes, que possuem autonomia para fazer essas escolhas.

Além disso, no PAC, é comum que equipes que possuem muitas dependências entre projetos realizem a segunda etapa de planejamento de forma conjunta, para melhor compreensão das dependências técnicas e dos riscos envolvidos. Ressalta-se que, ao fim da segunda etapa de planejamento, cada uma das equipes terá seu *backlog* da iteração próprio.

Na Figura 18.3 é possível observar as diversas práticas utilizadas e, na sequência, a referência considerada para a abordagem híbrida constante do programa, conforme o Quadro 18.1.

O Quadro 18.1 não tem a pretensão de representar um "de/para" de práticas e abordagens, e sim as decisões/escolhas dos times envolvidos pela maneira de trabalhar de acordo com o contexto e o conhecimento existente em tempo de projeto. Nesse sentido, é possível confirmar a importância do alinhamento com os princípios do DA™ (o contexto importa; seja pragmático; escolher é bom) para que seja possível a adaptação, tendo mais possibilidades de sucesso nos projetos.

Capítulo 18 | Programa Amazônia Conectada

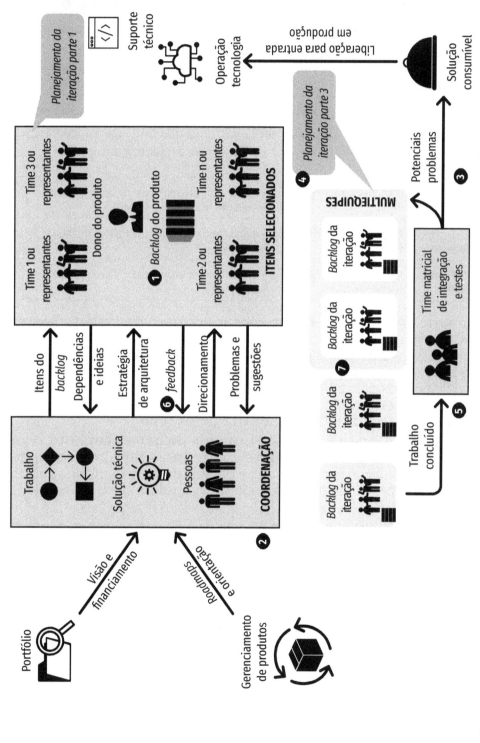

Figura 18.3 Duas camadas de planejamento do PAC.

Gestão Híbrida de Projetos | Casos Práticos em Diferentes Contextos e Cenários

Quadro 18.1 Práticas constantes do Programa Amazônia Conectada

Prática	Referencial	Propósito
1. *Backlog* de produto único	DA™, Fleks, LeSS, *The standard for program management* 4ª ed. (PMI)	Tornar o trabalho visível para todos *stakeholders* sob a gestão do gerente de programa
2. Cadência comum	DA™, Fleks	Lidar com heterogeneidade das equipes
3. Revisão da iteração	DA™, Fleks, SAFe, Scrum	Assegurar que a iteração cumpriu seus objetivos e gerou valor na forma das entregas
4. Planejamento em duas camadas	Fleks, LeSS	Equilibrar governança do programa e gestão distribuída conferindo liberdade às equipes
5. Time de Integração	DA™, Fleks, *Guia PMBOK* 7ª ed.	Coordenar os diversos itens de *backlog* em uma integração rápida e sob demanda
6. Time de Gerenciamento	Fleks, *Guia PMBOK* 7ª ed., Prince2	Visão e direcionamento das equipes de forma integrada
7. Comunidades de Prática (CoP)	DA™, *Guia PMBOK* 7ª ed., SAFe	Compartilhamento de melhores práticas inter e intraequipes

Utiliza-se no PAC um **time de integração**, formado por representantes de todos os times, que definem a melhor abordagem para avaliação do trabalho construído pelos projetos e integram as novas capacidades para que possam gerar resultados no novo ambiente operacional. O perfil dos participantes desse time depende do estágio do programa e das capacidades a serem avaliadas, integradas e liberadas. No entanto, um dos gerentes de projeto sempre fará parte desse time.

Além do time de integração, existe um **time de gerenciamento**, com uma ação mais próxima ao comando e controle (preditiva), que garante que a coordenação aconteça. Esse time é liderado pelo coordenador do programa (que representa o gerente do programa no dia a dia) e pelos gerentes de projetos.

É o time que garante que o trabalho seja gerenciado de maneira eficaz nas equipes e que busca ações para reduzir os riscos associados às dependências.

Essa é uma prática muito benéfica para o programa, pois quanto maior for o número de equipes, mais importante esses times se tornam. Eles representam uma oportunidade de compartilhar experiências entre líderes de equipe e treinar uns aos outros, passando adiante lições aprendidas, que são essenciais em um ambiente em que ocorre grande rotatividade das pessoas que fazem parte dos times.

De certa forma, o time de gerenciamento tornou-se uma verdadeira **comunidade de práticas para líderes de projetos e programas**, e o time de integração converteu-se em uma **comunidade de prática para a área técnica de infraestrutura** subaquática.

Conclusão

Em programas e projetos de grande porte, a necessidade de coordenação do trabalho a ser feito, das questões técnicas entre projetos e das dependências entre os times é um desafio que precisa ser compreendido pelos líderes de projetos. Além disso, a heterogeneidade das equipes e dos projetos envolvidos tornam a gestão desses empreendimentos ainda mais desafiadora, pois é praticamente impeditivo a adoção de práticas únicas e padronizadas.

Considerando que os contextos dos projetos devem ser levados em conta para a escolha das práticas que serão utilizadas, e que um programa é um empreendimento muito complexo para que as equipes se auto-organizem sem a necessidade de coordenação, as práticas de escalada e a adaptação das equipes para uma abordagem híbrida parece ser o caminho mais adequado para alcançar os benefícios nesse tipo de empreendimento.

No PAC, com essas práticas e adaptações, foi possível, mesmo durante a pandemia e seguindo toda a legislação vigente, viabilizar um programa complexo que recuperou cerca de 450 km de cabos subaquáticos e realizou mais de 900 km de lançamento de novos cabos, em um período de 18 meses, atendendo de forma direta a população de dez cidades do interior da Amazônia brasileira, levando conectividade para populações isoladas.

PARTE VI
SERVIÇOS

Em um mundo onde a prestação de serviços é o pilar da economia mundial, apresentamos dois *cases* de Gestão Híbrida nesta área.

Com a analogia à travessia de uma ponte, um dos *cases* mostra as lições aprendidas da utilização de práticas híbridas nesse contexto. O segundo *case* traz a utilização da Gestão Híbrida no desenvolvimento de novos serviços em projetos de inovação.

CAPÍTULO 19
COMO A GESTÃO HÍBRIDA AJUDOU UMA EMPRESA DE SERVIÇOS DE TECNOLOGIA DA INFORMAÇÃO A IMPLANTAR UMA OPERAÇÃO DE GRANDE PORTE EM 60 DIAS

Lucas Furtado

Cenário

Uma empresa de serviços de Tecnologia da Informação (TI) com matriz na cidade de São Paulo ganhou uma licitação de um órgão público do estado do Rio de Janeiro, muito importante para a companhia. É o maior contrato da empresa até a data de publicação desta obra.

Para fazer o leitor "viajar" nessa jornada, vamos imaginar que estamos em um lado de um rio, olhando para a outra margem. Queremos ir para a outra margem e, à nossa frente, temos uma ponte. Aqui, trataremos a ponte como o projeto planejado para chegarmos ao outro lado.

O escopo do projeto era realizar a implantação do serviço de TI (várias especialidades), desde as contratações até a integração de todo o time para transição para a operação em si, passando por fornecedores, Recursos Humanos, Departamento de Pessoal, Compras etc. – sempre observando os principais documentos de negócio como a base do Termo de Abertura do Projeto (TAP) e o Termo de Referência (TR) – esse é o outro lado do rio.

Com a vinda de um diretor executivo, a empresa de TI, com sua unidade de negócios focada em entregar, começou a realizar o *delivery* por meio de projetos, muitas vezes usando a Gestão Híbrida. Ou seja, para essa grande entrega, obviamente, a tendência era de utilizar a mesma estratégia, mas agora, em larga escala, contemplando os departamentos e partes interessadas externas.

Desafios à frente (o rio por baixo da ponte)

Utilizando a analogia do início deste caso, o rio não estava calmo. Por baixo da ponte (projeto) havia uma pandemia global no seu auge. O prazo para início da operação (entrega) era muito apertado. Para chegar

Gestão Híbrida de Projetos | Casos Práticos em Diferentes Contextos e Cenários

à outra margem do rio turbulento, o prazo era de 60 dias corridos. Após o prazo, a empresa de TI poderia sofrer as consequências previstas no edital.

A equipe de gestores locais começaram as atividades dentro do projeto. O desafio era integrar os novos membros da equipe do projeto o quanto antes.

Por ser o maior contrato da empresa, ela não estava totalmente acostumada com a alta demanda de atividades para uma entrega como essa. O desafio era de fortalecer a cultura da organização que todo projeto precisa ter para seu sucesso.

Atividades de pontos de atenção (cuidados para a travessia)

As atividades foram:

» Utilizar as lições aprendidas de outros projetos, com escopo semelhante, para prever possíveis problemas e consolidar o que foi feito com sucesso.
» Fortalecer na empresa a cultura da organização de um projeto.
» Aperfeiçoar o plano de comunicação, de modo que este atenda a uma quantidade muito maior de partes interessadas determinadas.
» Assegurar que os fornecedores entendam a importância do cumprimento dos prazos sob risco de punição para a empresa de TI, em caso de atrasos.
» Entender, inicialmente, a cultura organizacional do órgão, pois a operação será implantada nele.
» Realizar uma gestão de riscos clara e com planos de respostas bem definidos, que todos entendam.

Definindo a metodologia (tipo da ponte)

Na etapa de Planejamento, foi definido que o projeto seria realizado utilizando a metodologia híbrida. Para a conclusão, foram levados em conta os fatos:

» Pouco conhecimento das áreas administrativas na gestão de projetos ágeis.
» Escopo bem definido em edital.
» Com a gestão ágil, as atividades rotineiras seriam mais bem organizadas.
» Uma metodologia híbrida tem o poder de se adaptar em vários momentos do projeto e membros de equipe.

Ademais, como mencionado anteriormente, foi levado em conta os Ativos de Processos Organizacionais (APOs) da empresa de TI com base em outros projetos de escopo semelhantes, nos quais também foi utili-

Capítulo 19 | Como a Gestão Híbrida Ajudou uma Empresa de Serviços

zada a Gestão Híbrida para otimizar a gestão e aumentar as chances de sucesso do projeto.

Execução do projeto (início da travessia)

Em algum momento de 2020, em meio à pandemia de Covid-19, após cerca de 15 dias de preparação e planejamento, foi realizado o início das execuções das atividades. O setor de RH da empresa de TI foi o primeiro grupo de executores a iniciar as contratações. O gerente de projetos estava na posição de Scrum *Master* e a gestora de RH estava na posição de PO. Uma "tradução" dos papéis foi realizada. Por exemplo, as atividades pendentes eram o *backlog*. As cerimônias Scrum receberam outros nomes, mais populares na linguagem corporativa, com a qual a equipe de RH estava acostumada.

As principais atividades foram gerenciadas no modelo Cascata (ou preditivo), pois envolvia um escopo muito específico, com prazos apertados e entregas únicas, diferentemente das atividades administrativas.

Na fase de Planejamento, utilizando a estimativa análoga de outros cronogramas, foi possível ter uma forte base das atividades. Isso foi de grande ajuda para a rapidez no planejamento para uma demanda atípica da empresa de TI.

Com uma gestão de riscos bem definida com a equipe do projeto, foi possível preparar as respostas para todos os riscos e possíveis questões relacionadas ao projeto.

A metodologia da Gestão Híbrida ajuda até mesmo na criação dos documentos apoiadores do projeto. É como se o projeto fosse, além das fases, ainda mais dividido. A mobilidade criada com essa metodologia possibilita um controle maior das atividades.

E o melhor de tudo: é transparente aos membros da equipe do projeto! Basta que a equipe de gestão do projeto ou mesmo somente o gerente de projetos saiba alocar a melhor metodologia (Ágil ou Cascata) para cada fase e/ou equipe de executores.

No meio da travessia (problemas no meio do projeto)

Como em muitos projetos, problemas foram encontrados no decorrer do caminho. O rio por baixo da ponte não estava tranquilo, mas isso já havia sido identificado na fase de Planejamento (pelo menos os riscos mais importantes para o projeto). Para esse tipo de projeto, a gestão de riscos deve ser feita e reavaliada constantemente durante toda a sua execução, independentemente da metodologia adotada.

Durante a fase de habilitação da equipe operacional, que faria a operação do contrato, cerca de 300 colaboradores precisavam de uma

Gestão Híbrida de Projetos | Casos Práticos em Diferentes Contextos e Cenários

ou mais certificações. Fazer o controle dos colaboradores que fariam cursos/exames, ou que estavam fazendo, ou, ainda, os que já haviam feito, tornou-se um problema para a equipe administrativa. Uma metodologia de gestão visual foi implantada para melhorar a gestão das tarefas: o Kanban.

Isso trouxe muita agilidade e produtividade para a realização da gestão das tarefas, pois não permitiu que os prazos fossem perdidos e contribuiu para a finalização de um importante requisito previsto em Termo de Referência.

Outros problemas ocorreram no decorrer do projeto, mas o problema citado teve sua resolução por conta da flexibilidade que a Gestão Híbrida oferece. Por isso, foi o problema exposto nesse caso.

Ainda no "meio da travessia", outros departamentos entraram em ação. Os departamentos de Compras, DP, Jurídico, além de fornecedores (uniformes e outros insumos), seguiram a metodologia adotada para o time de RH (Ágil), em que o gestor do departamento era o *Product Owner*, cuidando dos requisitos (*backlog*) e o time de gestão do projeto realizava as atividades de Scrum *Master*.

Mas será que isso tudo deu certo?

Fim da travessia (fase final do projeto)

Sim, deu certo! Foram cerca de 345 colaboradores contratados, cerca de 300 habilitados/certificados, itens do edital cumpridos dentro do prazo de 60 dias inicialmente previstos, riscos respondidos e/ou aceitos conforme previsto no Planejamento e grandes marcos entregues.

O maior contrato da empresa de TI foi devidamente entregue e transitado para a operação, mais uma vez, utilizando-se a Gestão Híbrida, que possibilita a liberdade de olhar o todo (*zoom out*), podendo, em muitos momentos, também olhar o micro (*zoom in*).

Deve-se utilizar a Gestão Híbrida para todos os projetos?

Não, mas para todos os projetos deve-se planejar o tipo de metodologia de gestão a ser trabalhada – seja preditiva, ágil ou híbrida.

Para futuros projetos com escopo semelhante, certamente a empresa de TI e seu PMO adotarão a mesma metodologia utilizada neste caso. Claro, se bem avaliado na fase de Planejamento.

Como a Gestão Híbrida ficou transparente para a equipe do projeto, evitando confusões?

Plano de comunicação! A máxima de que um gerente de projetos passa 90% do tempo se comunicando é verídica. O plano de comunicação

Capítulo 19 | Como a Gestão Híbrida Ajudou uma Empresa de Serviços

não deve ser estático; ele deve passar por reavaliações rotineiramente pois, se ele falha, haverá grandes chances desse tipo de projeto também falhar.

Lições aprendidas (olhando para trás após atravessar a ponte)

Planejar, executar, encerrar um projeto e não ter registro de lições aprendidas é, sem dúvidas, não fazer um projeto, mas sim apenas realizar atividades controladas.

O registro de lições aprendidas deve conter:

» O que deu errado?
» O que deu certo?
» O que faria de diferente se tivesse outra oportunidade?

As lições aprendidas dentro do APO da empresa de TI ajudaram o projeto a ser planejado em menor tempo e a controlar melhor a gestão de problemas, riscos e planos de ação de outros projetos realizados.

Neste caso, alguns destaques foram:

» **Comunicação**: como mencionado, o sucesso deste projeto só foi possível por conta da gestão da comunicação. O plano de comunicação deve ser revisto rotineiramente. Um plano de comunicação estático e sem revisões vira item de lições aprendidas que deu errado ou que faria de diferente.
» **Estimativa análoga**: utilizar outros cronogramas, escopo e atividades semelhantes certamente garante um planejamento acima do tempo que levaria se fosse realizado do zero. Cada projeto tem sua especificidade, mas nenhum precisa ser planejado do zero, caso exista a possibilidade de usar essa técnica.
» **Registro de riscos**: poderia ter sido ainda mais bem planejado. O tempo estava apertado para o planejamento, mas assim como o plano de comunicação, este item deve ser ainda mais reavaliado.
» **Cultura organizacional**: por ser uma empresa de serviços de TI em sua essência, a cultura de gestão de projetos não permitia a maturidade da gestão em alto nível. Ações de aculturamento ainda são tomadas.
» ***Backlog* do produto**: problemas com o *backlog* (atividades pendentes) foram encontrados. Como mencionado, os gestores dos departamentos eram o PO. Poucos projetos desse porte foram realizados pela empresa, o que provocou essa adaptação e, consequentemente, problema na execução.

Atravessar a ponte fez a empresa e os colaboradores crescerem. Atravessar qualquer ponte faz qualquer um crescer, mas essa ponte ajudou ainda mais na consolidação da Gestão Híbrida para esse tipo de escopo.

Gestão Híbrida de Projetos | Casos Práticos em Diferentes Contextos e Cenários

Sempre considere a Gestão Híbrida. Se para alguns a metodologia de gestão em cascata é ótima e, para outros, a gestão ágil é espetacular, imagine utilizar os dois simultaneamente.

No Quadro 19.1 são descritos os papéis adaptados para os membros do projeto e, no Quadro 19.2, são listadas as cerimônias adaptadas que ajudaram no andamento do projeto, aculturamento e *mindset* de todos.

Quadro 19.1 Papéis do *framework* Scrum adaptados

Papéis	Responsáveis	Comentários
Product Owner (PO)	Gestores dos departamentos	Gerentes dos silos funcionais eram encarregados de levantar os itens do *backlog* e priorizá-los. Além de entenderem as necessidades dos fiscais e passar aos times
Scrum *Master*	Equipe de gestão do projeto	O papel ficou com o gerente de projetos
Executores	Colaboradores dos departamentos: analistas, técnicos etc.	Alguns colaboradores dos departamentos foram alocados como exclusivos nas atividades do projeto
Clientes	Fiscais do órgão	Partes interessadas foram registradas como principais fiscais do contrato

Quadro 19.2 Parte 1: detalhamento do plano do projeto

Prática	Referencial	Propósito
1. Gestão de Projetos (metas e métricas)	Preditivo e *roadmap*	A primeira novidade: a ideia era utilizar o conhecimento que a maioria dos colaboradores tinham sobre projetos preditivos, mas com uma visão do percurso. Ou seja, a adoção de um *roadmap* nos ajudou a mostrar os grandes marcos. Aqui já tivemos dois artefatos trabalhando juntos, um Termo de Abertura do Projeto (TAP) e um *roadmap*. Métricas do time: no MS Project Online foi possível mapear algumas métricas do time, como percentual de conclusão por membro do time, percentual de entregas coletivas, verificação de recurso superalocado, produtividade etc.
2. Gerência de Riscos e Custos	Preditivo	Não houve grandes alterações nesses temas. A gestão de riscos foi criada no MS Project Online e compartilhada com todos os envolvidos por meio do Office 365. A gestão de custos contou com o sistema interno que a empresa já possuía para a gestão de todos os custos, incluindo Capex e Opex

Continua

Capítulo 19 | Como a Gestão Híbrida Ajudou uma Empresa de Serviços

Continuação

Prática	Referencial	Propósito
3. Scrum	Scrum	Segunda novidade: o time de desenvolvedores, na verdade, uma *squad* com colaboradores de RH, Operação, Financeiro, diretores (verificando a estratégia), compradores, IDP (Índice de Prazo), fornecedores, Logística etc. Com a adaptação das cerimônias, papéis e artefatos do Scrum, após um *workshop* para o time, foi possível trabalhar com a novidade. O objetivo era simples: mostrar a funcionalidade da esteira ágil de entregas com iterações
4. Comunicação	Matriz de Comunicação, Kanban, *Daily Meeting*	**Matriz de Comunicação:** utilizamos o modelo preditivo de um plano sobre esse artefato. Os colaboradores estavam acostumados com isso. Aqui, podemos definir: quem será comunicado, quando, como, por que etc. **Kanban:** a gestão visual sobre as tarefas comunica por si só sobre o andamento do projeto. Nesse cenário, o Kanban foi utilizado no Planner do Office 365 ***Daily Meeting* (*Stand-up meeting*):** faz o time comunicar obstáculos, como o projeto está indo, melhorias etc. Reuniões rápidas e diárias permitem a boa comunicação do time. Neste item, mais duas novidades apresentadas
5. Integração e entrega contínua	Scrum	Com o *framework* foi possível trazer para o time o conceito de esteira ágil de entregas com iterações do produto/serviço. No Quadro 19.2 – Parte 2 há um resumo sobre como foram as cerimônias
6. Estimativa	Preditivo	Para este item, foram utilizados o TR do projeto e o TAP, além da criação de um cronograma preditivo das atividades, tendo em vista que o escopo estava bem definido em edital
7. Planejamento do Projeto	Preditivo	O Planejamento do Projeto foi criado a partir do modelo preditivo por conta do escopo bem definido. Porém, como era um projeto novo (escala muito maior que os anteriores), foi realizado planejamento das atividades em metodologias ágeis. Para o projeto, chegou-se à conclusão de que a Gestão Híbrida teria de ser aplicada para o seu sucesso. Plano do projeto, cronograma, registro de risco, plano de comunicação e outros artefatos foram criados no método preditivo. Algumas execuções, gestão de tarefas, forma de comunicação etc. foram realizadas de forma ágil
8. Gestão de Mudança	Preditivo, Kanban, Scrum	Mudanças são comuns mesmo em projetos totalmente preditivos. Em projetos com Gestão Híbrida não seria diferente. Quando ocorreram mudanças, elas foram mapeadas em documentos preditivos, como uma matriz de mudanças (documento de requisitos), mas também foram relacionadas no quadro Kanban e discutidas nas cerimônias de Scrum
9. *Templates*	Preditivo	Foram atualizados todos os APOs da companhia e uma entrega documental do projeto (item de edital) foi enviada para o órgão, cumprindo assim todos os requisitos do escopo do TR

Gestão Híbrida de Projetos | Casos Práticos em Diferentes Contextos e Cenários

Quadro 19.2 Parte 2: cerimônias do Scrum adaptadas

Cerimônias	Quem	Comentários
Daily Meeting	Colaboradores do departamento + Scrum *Master*	O objetivo era avaliar as atividades e identificar obstáculos para remoção
Sprint Review	PO + Scrum *Master* + executores + clientes	A cada *sprint* finalizada era entregue um item importante do edital. O acompanhamento com o cliente era realizado por meio dessa cerimônia
Sprint Retrospective	PO + executores + Scrum *Master*	Várias atividades e entregas eram realizadas continuamente, como cadastramento de novos colaboradores, criação de processos de contratação, validação de certificados acadêmicos etc. A cerimônia ajudou a melhorar as próximas entregas

Capítulo 19 | Como a Gestão Híbrida Ajudou uma Empresa de Serviços

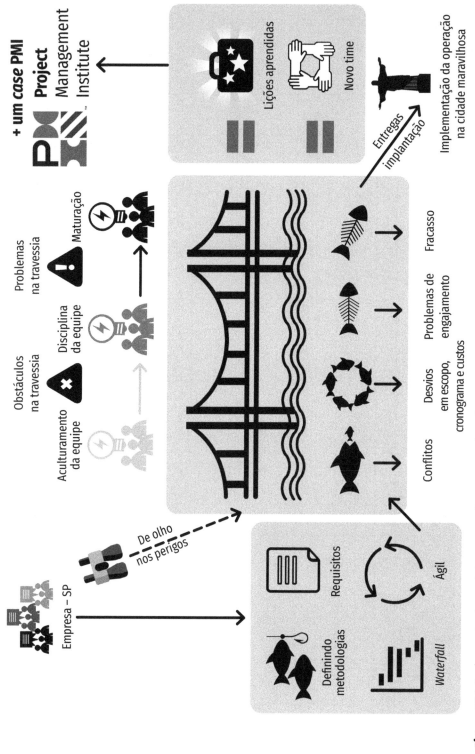

Figura 19.1 Andamento do projeto em serviços e seus desafios.

CAPÍTULO 20
COMO A GESTÃO HÍBRIDA AJUDOU UMA EMPRESA GLOBAL E PREDITIVA ORIENTADA A PRODUTOS A DESENVOLVER NOVOS SERVIÇOS EM PROJETO DE INOVAÇÃO

Fábio Camacho
Alexandre Caramelo

Contexto

Grandes conglomerados globais do setor automotivo estão bastante acostumados com ambientes tipicamente preditivos atrelados aos seus produtos e serviços. Entretanto, o desafio proporcionado pelo uso da tecnologia necessária para o desenvolvimento de um ecossistema digital que englobasse uma gama de soluções (aparentemente desvinculadas), como entretenimento, segurança, manutenção preditiva, além de economia e reposição de peças, foi bastante propício para a aplicação da Gestão Híbrida.

Diante desse contexto, uma empresa global europeia decidiu adentrar essa jornada buscando ampliar suas fontes de receita. Com novos processos, estratégias de vendas e marketing direcionadas por essa grande infraestrutura desenvolvida, também foi possível a obtenção de dados mais compreensivos sobre desempenho de seus carros e frotas.

Desafios

Foram desafios:

» desenvolver localmente um projeto global, literalmente do zero, sem referências ou *benchmarks* internos ou externos;
» implementar e disseminar a cultura de inovação na empresa;
» apresentar e desenvolver um tema desconhecido para 99% da companhia (conectividade);
» desenvolver portfólio de serviços capaz de gerar novas receitas para as áreas de negócio;
» gerenciar equipes cujos recursos são cedidos em tempo parcial pelos gestores de suas áreas;

Gestão Híbrida de Projetos | Casos Práticos em Diferentes Contextos e Cenários

» gerenciar equipes nas quais a maioria ou a totalidade dos participantes possuem pouco ou nenhum conhecimento sobre gestão de projetos (exceto TI e fornecedores de tecnologia);

» lidar com pessoas de diferentes áreas, níveis hierárquicos e países/culturas.

Projeto

Um projeto dessa magnitude jamais funcionaria sem a sinergia entre todas as unidades de negócio da companhia. A iniciativa originada na matriz só teria êxito com o envolvimento de suas estruturas de negócios nos continentes (regiões) e nos países.

Então, para cada novo serviço a ser desenvolvido, uma equipe de projeto era formada com representantes de todas as áreas diretamente impactadas, tanto nos países quanto no continente e na matriz.

O projeto foi concebido como de alta prioridade estratégica para o futuro dos negócios da companhia, e contou com o nível de engajamento necessário de toda a estrutura corporativa para avançar. No Quadro 20.1, são listados os envolvidos, de forma geral, no projeto.

Quadro 20.1 Listagem dos envolvidos no projeto

Estrutura	Função	Matriz (Europa)	Região (LATAM)	Países (Argentina, Brasil, Colômbia, México)
Montadora	Áreas de negócio	• *Business Development* • Digital • Marketing • Vendas • Pós-vendas	• *Business Development* • Digital • Marketing • Vendas • Pós-vendas	• Marketing • Vendas • Pós-vendas
	Áreas de suporte	• Produto • Programa • TI	• Produto • Programa • TI	• Compras • Logística e armazenamento • Financeiro • Jurídico • SAC • TI
	Áreas de validação	n/a	n/a	• Engenharia de Produto • Engenharia de Qualidade • Engenharia de Testes • Instalação de acessórios
Consultoria do grupo	Gestão do projeto	• Diretoria Executiva	• Gerência • Gerência de Projetos	n/a

Continua

156

Capítulo 20 | Como a Gestão Híbrida Ajudou uma Empresa Global

Continuação

Estrutura	Função	Matriz (Europa)	Região (LATAM)	Países (Argentina, Brasil, Colômbia, México)
Banco do grupo	Suporte financeiro	• Diretoria Executiva	• Diretoria Executiva	• Diretoria Executiva • Financeiro • Gestão de clientes • Jurídico • Marketing • TI
Fornecedores externos	Soluções técnicas	• Acessórios • Equipamentos • *Hardware* • *Software*	• Pacote de dados • Telecom	• Acessórios • Equipamentos • *Hardware* • *Software*

Objetivo e escopo

O objetivo do projeto é desenvolver uma nova linha de produtos e serviços, tendo a conectividade como base, e lançá-los nos países da região LATAM, cujos principais mercados em volume de vendas são Brasil, Argentina, Colômbia e México.

A consultoria do grupo ficou responsável pela organização, pelo planejamento e pela condução do projeto, cabendo às diretorias dos países, região LATAM e matriz a aprovação de orçamentos, produtos e serviços, além de discutir alternativas, possibilidades de negócio e validação de próximos passos no decorrer do projeto.

Quadro 20.2 Práticas de Gestão Híbrida utilizadas no *case*

Prática	Referencial	Propósito
Governança (Comitê de Gestão do Projeto)	Preditivo	Previsibilidade é a palavra-chave para este caso. Em um comitê com diretores de alto escalão da empresa, essa é a única alternativa viável
Desenvolvimento de produtos e serviços – Parte técnica	Ágil, Scrum	Desenvolvimento de *softwares* e integração entre sistemas. Equipes de TI de diferentes fornecedores e da própria empresa trabalhando de forma integrada
Marketing e Vendas (planejamento, execução, monitoramento e aperfeiçoamento de ofertas, *branding*, marketing e comunicação)	Preditivo	As atividades de Marketing e Vendas já fazem parte da rotina das áreas. Embora o projeto demande mais trabalho por parte delas, não é possível interferir na estrutura dessas áreas
Desenho e validação de processos (negócios, UX, operacionais e suporte a cada produto e serviço)	Híbrido	Muitas pessoas de diferentes áreas estão envolvidas. A metodologia híbrida funciona melhor em grupos diversos e heterogêneos

Gestão Híbrida de Projetos | Casos Práticos em Diferentes Contextos e Cenários

Processo de escolha e utilização das abordagens

Ainda na etapa de planejamento, com a formação das equipes em andamento, muitas dúvidas surgiram com relação a qual metodologia aplicar para obter os melhores e mais rápidos resultados.

Para resolver essa questão, muitas análises e debates foram realizados. Afinal, o objetivo era desenvolver e lançar ao mercado 16 novos serviços, cada um considerado pela empresa como um único projeto, com equipes diferentes e multidisciplinares, equipes estas formadas por pessoas de variadas áreas, com fornecedores internos e externos em diversos países.

As primeiras respostas começaram a surgir quando as atividades dos projetos foram agrupadas em macroatividades e os grandes marcos começaram a ser identificados. Por serem projetos interdependentes, as principais entregas se resumiam a três: produto/serviço funcionando tecnicamente sem problemas; processos definidos e validados; e estratégia de marketing/comunicação definida e aprovada.

Cada uma dessas três entregas dependia de um conjunto de atividades a serem realizadas por pessoas com rotinas e habilidades bem específicas. Podemos citar como exemplo uma pessoa de TI da equipe que entrega o produto, que não conseguiria trabalhar na parte de marketing. Ou uma pessoa da parte de marketing que não conseguiria trabalhar na definição de um processo de logística, ou financeiro, ou compras. E até mesmo alguém da parte de processos que não conseguiria trabalhar no desenvolvimento técnico do produto.

Entender que as três frentes de entregas eram diferentes umas das outras, mas que dentro de cada uma as pessoas possuíam habilidades e rotinas similares, foi fundamental para debater, decidir e aplicar a abordagem que melhor se adequasse a cada situação.

Chegamos à conclusão de que uma abordagem de trabalho aplicada a profissionais de TI poderia não surtir efeito com profissionais de marketing ou aqueles envolvidos na definição de processos. Por isso, decidimos pela utilização da metodologia híbrida.

Metodologia híbrida como fator-chave de sucesso

A metodologia híbrida é libertadora, pois permite ao gestor de projetos buscar sempre a melhor solução para cada caso, em vez de amarrá-lo a uma metodologia específica que poderá não ser produtiva para um grupo específico de pessoas, entregas e objetivos do projeto.

A escolha da metodologia menos adequada pode gerar muitos impactos negativos nos projetos. Dentre eles, podemos citar atrasos, falhas na comunicação, baixo engajamento da equipe e atritos internos, que, juntos, podem levar à dissolução da equipe ou até mesmo ao cancelamento do projeto e desligamento dos envolvidos.

Capítulo 20 | Como a Gestão Híbrida Ajudou uma Empresa Global

Em um ambiente de negócios no qual precisamos nos adaptar constantemente a mudanças, ao mesmo tempo em que não podemos nos afastar das expectativas das empresas e dos clientes (com relação a prazos, entregas e experiência de uso), a metodologia híbrida aparece como resposta atual e eficaz para todos esses desafios.

O resultado da aplicação da metodologia híbrida no projeto é apresentado a seguir, incluindo uma breve descrição de cada frente de trabalho com suas características e razões que fundamentaram cada escolha.

1. Governança – Comitê de Gestão do Projeto

Perfil: grupo formado por diretores da região LATAM, de Marketing, Vendas, Pós-vendas, *Business Development*, TI, Produto, Programa, Diretoria Executiva LATAM do Banco da montadora e diretor de Marketing da matriz.

Objetivos: mensalmente, a Gerência de Projetos da consultoria LATAM se reúne com os diretores para:

» avaliação dos avanços do projeto;
» debates para destravar pontos de atenção que possam gerar atrasos e requeiram a intervenção dos diretores;
» validação de próximos passos do projeto.

Abordagem utilizada: Preditiva.

Motivo da escolha: por se tratar de um comitê formado pelos mais altos níveis decisórios da empresa, não existe margem para aplicar outra metodologia, senão a Preditiva, uma vez que os rumos do projeto são definidos por este comitê. Nesses grupos, as decisões são acatadas e, em seguida, implementadas pela consultoria, junto aos grupos de trabalho, em cada frente impactada.

2. Parte Técnica do Serviço/Produto

Perfil: grupos formados por profissionais de funções operacionais em cada país, das áreas de TI, Engenharia de Produto, Engenharia de Qualidade, Engenharia de Testes, Instalação de Acessórios, TI do Banco da montadora e fornecedores, com conhecimento avançado de metodologia de projetos.

Objetivos: entregar a parte técnica do serviço/produto em pleno funcionamento.

Para tal, as seguintes etapas precisaram ser cumpridas:

» desenvolvimento de *softwares* (aplicativos e *sites*, telas de multimídias);
» integração entre *hardware*, *softwares* e fornecedor de pacotes de dados;
» realização de testes e validações em cada etapa concluída;
» organização de Prova de Conceito (POC) e validação de solução para ser comercializada.

Abordagem utilizada: Ágil e Scrum.

Motivo da escolha: por se tratar de desenvolvimento de um novo *software*, com base em funcionalidades previamente identificadas por pesquisa com clientes, aplicamos o *framework* Scrum, que já faz parte da rotina de desenvolvedores de TI. Equipes formadas por *Product Owner*, Scrum *Master* e técnicos desenvolviam, integravam e testavam cada nova funcionalidade, aplicando as ferramentas de organização do trabalho como *backlogs*, *daily meetings*, *sprints* e *reviews*.

Durante o desenvolvimento, houve corte no orçamento, o que levou à redefinição de prioridades e algumas funcionalidades foram postergadas para depois do lançamento do produto, enquanto outras foram antecipadas. O uso de uma abordagem adaptativa permitiu avaliar, analisar, debater e validar os próximos passos em apenas uma semana, sem prejuízos ao cronograma do projeto.

3. Marketing e Vendas

Perfil: grupos formados por gerentes em cada país, das áreas de Marketing, Vendas, Pós-vendas e *Business Development*, além de gerentes do Banco da montadora, das áreas de Marketing e Gestão de Clientes, com conhecimento intermediário de metodologias de projetos.

Objetivos: elaboração e validação de estratégia e plano de ação para:

» *branding* e comunicação;
» posicionamento de preço;
» treinamento;
» evento de lançamento para imprensa e clientes;
» estimativa de volume de vendas mensais e anuais.

Abordagem utilizada: Preditiva.

Motivo da escolha: o tipo de atividade desenvolvida por esse grupo já era parte da rotina das áreas envolvidas e da empresa. Além disso, o grupo era formado por gerentes experientes e qualificados.

Neste caso, não faria sentido aplicar uma metodologia diferente para uma atividade que já é rotineira e flui bem. Para este grupo de trabalho, os prazos, o orçamento e as expectativas foram definidos inicialmente pelos seus respectivos diretores. Então, eram realizadas reuniões de *status* semanais com os participantes para analisar a evolução do projeto e comunicar em seguida às partes interessadas.

4. Processos

Perfil: grupos formados por profissionais de funções operacionais em cada país, das áreas de Compras, Financeiro, Jurídico, SAC, Logística e

Armazenamento, Instalação de Acessórios, Vendas, Pós-vendas e TI, além de gerentes do Banco da montadora, das áreas de Gestão de Clientes, Financeiro, Marketing, Jurídico e TI, com pouco ou nenhum conhecimento de metodologia de projetos (exceto o pessoal de TI).

Objetivos: elaboração e validação de processos:

» de negócio (papéis e responsabilidades, centros de custos, definição de CNPJ, orçamento, fluxo de caixa, alocação de verbas, impostos, pagamentos e recebimentos, contratos etc.);

» de suporte a vendas (compras, garantia, logística, financeiro, registros internos);

» técnicos (manuseio, instalação, ativação e desativação, conexão, acesso);

» da experiência do cliente (Vendas, Pós-vendas, SAC, utilização dos produtos e serviços).

Abordagem utilizada: Híbrida. Além disso, foi necessário o desenvolvimento de uma versão simplificada da metodologia para utilização no projeto.

Motivo da escolha: ao gerenciar projetos com equipes sem experiência em projetos, precisamos adaptar a linguagem técnica para uma linguagem simplificada de fácil entendimento a todos. As terminologias foram modificadas, mas sem perder o propósito da Gestão Híbrida. Em vez de *kick-off*, fizemos uma reunião de início do projeto para apresentar a metodologia de trabalho simplificada, prazos, expectativas e objetivos.

Isto posto, *sprints* viraram fases, com duração de acordo com cada objetivo (Marcos do projeto). *Backlog* virou centro de tarefas. Criamos uma rotina de reuniões semanais obrigatórias de 1 hora de duração, em que sugestões e melhorias eram sempre bem-vindas, debatidas e, muitas vezes, implementadas. Reuniões diárias apenas em caso de emergência, para não burocratizar e evitar desperdício de tempo. O cronograma teve que ser feito e divulgado em Excel para que todos pudessem abrir, ver, entender e modificar, quando necessário.

Embora o objetivo, prazos e expectativas estivessem claramente definidos desde o início da formação dos grupos de trabalho – o que caracteriza uma abordagem preditiva –, o desenho de processos é uma atividade dinâmica e que pode sofrer muitas mudanças, especialmente quando trabalhamos com processos interligados, que impactam uns aos outros e à operação como um todo. Para obter êxito nesse tipo de atividade, a dinâmica da abordagem adaptativa se mostrou fundamental. A Figura 20.1 ilustra a diversidade de abordagens adotadas, bem como o espectro de *stakeholders* envolvidos nos 16 projetos.

Gestão Híbrida de Projetos | Casos Práticos em Diferentes Contextos e Cenários

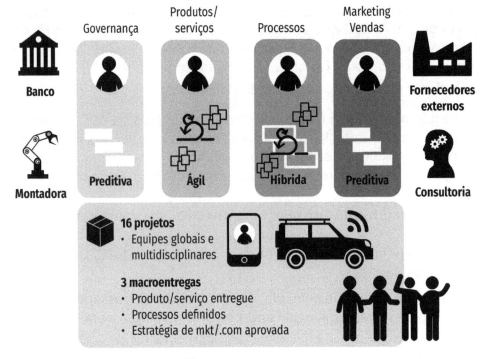

Figura 20.1 Abordagens de gestão utilizadas.

Lições aprendidas

A cada projeto aprendemos muitas lições, sejam elas oriundas de erros, acertos, riscos, problemas e fatores internos e externos. A seguir são listadas algumas das lições mais importantes dessa jornada de três anos de duração. Algumas falam diretamente da metodologia, outras trazem tópicos sobre gestão de mudança, conflitos internos, organização, papéis e responsabilidades... Espera-se que essas observações possam ajudar o leitor em projetos atuais e futuros e contribuir para seu crescimento profissional.

» Comunicação é fundamental para o engajamento e entendimento das pessoas, assim como para o sucesso de qualquer projeto. A mensagem precisa ser acessível a todos os envolvidos e interessados.

» Não existe metodologia certa ou errada. O fator-chave de sucesso é analisar as características de cada projeto, buscar as melhores práticas existentes e utilizá-las, até mesmo adaptá-las de acordo com o cenário em que estamos, com o objetivo de obter a melhor *performance* possível do grupo de trabalho.

» A utilização da consultoria para desenvolver o projeto garantiu credibilidade, idoneidade e transparência frente aos diversos interesses de cada área.

Capítulo 20 | Como a Gestão Híbrida Ajudou uma Empresa Global

» A utilização da consultoria também garantiu a aplicação das melhores práticas, em cada etapa do projeto, assim como a comunicação e visibilidade de cronogramas, verbas e acontecimentos para todas as partes envolvidas e interessadas.

» A montadora promoveu *workshops*, convenções, debates, palestras e conteúdo informativo sobre o tema na matriz, nos continentes e nos países, tanto presencialmente quanto em seus meios digitais, apresentando e explicando o tema, gerando debates, identificando necessidades e criando soluções cooperativamente entre funcionários e fornecedores. Essas ações contribuíram para o entendimento e engajamento dos funcionários.

» O CEO do Banco da montadora alocou somente gerentes para trabalhar no projeto, o que garantiu a alta qualidade dos debates e das entregas do Banco, do início ao fim do projeto.

» Algumas áreas alocavam analistas juniores e até estagiários para realização de tarefas do projeto, o que comprometia a qualidade dos debates e o andamento das atividades em algumas etapas mais críticas do projeto.

» Alguns envolvidos, indicados por alguns gestores, viam no projeto um trabalho além da conta, para o qual não foram contratados, o qual lhes daria mais trabalho e menos tempo para resolver os problemas do dia a dia de sua função. Saber lidar com essas pessoas era a chave para reverter o desânimo e não desestimular os demais.

» Algumas divergências entre diretores pausaram o andamento dos projetos em três ocasiões, até que os temas fossem definidos por consenso ou decisão do diretor de mais alto nível hierárquico do continente. Quando isso acontecia, era necessário avaliar quais atividades continuariam sendo feitas, quais seriam pausadas e quais seriam antecipadas, para evitar outros atrasos.

» Foram entregues, no total, 16 produtos e serviços para comercialização nos três anos de duração do projeto, em quatro países diferentes: Brasil, Argentina, Colômbia e México. A cultura da empresa, aliada à forte comunicação interna, ajudou a minimizar as diferenças culturais e de comportamento, além de aproximar as pessoas em torno de um objetivo comum. A jornada foi incrível!

REFERÊNCIAS BIBLIOGRÁFICAS

AGILE MANIFESTO. *Manifesto para Desenvolvimento Ágil de Software*. Disponível em: http://agilemanifesto.org/iso/ptbr/manifesto.html. Acesso em: 1 maio 2021.

AMBLER, Scott. *Escolha o seu WoW*: uma abordagem do Disciplined Agile para otimizar o seu modo de trabalhar. 2. ed. EUA: Project Management Institute (PMI), 2020.

AMBLER, Scott; LINES, Mark. *Choose your WoW*: a Disciplined Agile Delivery Handbook for optimizing your way of working. USA: Project Management Institute (PMI), 2020.

ANDERSON, David J. *Kanban*: successful evolutionary change for your technology business. USA: Blue Hole Press, 2010.

ANDERSON, David J.; CARMICHAEL, Andy. *Essential Kanban condensed*. Mayrhofen, Austria: Lean-Kanban University Press, 2016.

APPELO, Jurgen. *Management 3.0*: leading agile developers, developing agile leaders. Upper Saddle River, USA: Addison-Wesley, 2011. (Addison-Wesley Signature Series.)

APPELO, Jurgen. *Startup, Scaleup, Screwup*: 42 tools to accelerate Lean and Agile business growth. New Jersey: John Wiley & Sons, 2019.

AXELOS. *ITIL Foundation*: ITIL 4 Edition. USA: Stationery Office Books, 2019.

BALSHAKOVA, Tatsiana; LINES, Mark; GRIFFITHS, Mike et al. *An overview of the Disciplined Agile (DA) milestones*. nov. 2020. Disponível em: https://www.projectmanagement.com/blog-post/66931/An-overview-of-the-Disciplined-Agile--DA--milestones. Acesso em: 30 maio 2021.

BLACK, John R. *Lean production*: implementing a world-class system. Industrial Press, 2008.

BHASIN, Sanjay. *Lean Management Beyond Manufacturing*: a holistic approach. Springer International Publishing, 2015.

BECK, Kent. *Extreme Programming Explained*: embrace change. New Jersey: Addison Wesley, 1999.

BROWN, Tim. *Design Thinking*: uma metodologia poderosa para decretar o fim das velhas ideias. São Paulo: Alta Books, 2020.

BUSINESS AGILITY INSTITUTE. *Domains of Business Agility*. 2021. Diponível em: https://businessagility.institute/learn/domains-of-business-agility/. Acesso em: 10 abr. 2023.

CARAMELO, Alexandre Pinto. *How does Disciplined Agile support Agile and digital transformation in organizations?* set. 2020. Disponível em: https://www.projectmanagement.com/articles/655954/How-Does-Disciplined-Agile-Support-Agile-and-Digital-Transformation-in-Organizations-. Acesso em: 20 jun. 2021.

CAROLI, Paulo. *Diagrama de Fluxo Cumulativo*. São Paulo: Caroli, 2020.

CONFORTO, Edivandro C.; AMARAL, Daniel Capaldo. Agile project management and stage-gate model – A hybrid framework for technology-based companies. *Journal of Engineering and Technology Management*, v. 40, p. 1-14, abr./jun. 2016.

CONFORTO, Edivandro C.; SALUM, Fabian; AMARAL, Daniel Capaldo *et al.* Can agile project management be adopted by industries other than *software* development? *Project Management Journal*, v. 45, n. 3, p. 21-34, jun./jul. 2014.

COOPER, Robert G.; SOMMER, Anita F. The agile-stage-gate hybrid model: a promising new approach and a new research opportunity. *Journal of Product Innovation Management*, v. 33, n. 5, p. 513-526, set. 2016.

COSTA, Hélio. *The Fleks Model Guide*, 2020. Disponível em: https://projectdesignmanagement.com.br/produto/modelo-fleks-gestao-hibrida-de-projetos/. Acesso em: 20 abr. 2023.

CRUZ, Fábio. *PMO Ágil*: escritório ágil de gerenciamento de projetos. Rio de Janeiro: Brasport, 2016.

DENNING, Stephen. *The Age of Agile*: how Smart Companies are transforming the way work gets done. New York: AMACOM, 2018.

DESHPANDE, Anup. *Organizational Agility 2018*: create a Value Delivery Office (VDO) for Extreme Business Agility. Disponível em: https://www.project-management.com/videos/524026/organizational-agility-2018--create-a-value-delivery-office--vdo--for-extreme-business-agility. Acesso em: 31 out. 2021.

DWECK, Carol S. *Mindset*: the new psychology of success. London: Robinson, 2017.

EXÉRCITO BRASILEIRO. *Projeto Amazônia Conectada*. [2014?] Disponível em: http://www.amazoniaconectada.eb.mil.br/pt/. Acesso em: 10 abr. 2023.

GREN, Lucas; GOLDMAN, Alfredo; JACOBSSON, Christian. Agile ways of working: a team maturity perspective. *Journal of Software: Evolution and Process*, v. 32, n. 6, p. e2244, set. 2020.

GREN, Lucas; TORKAR, Richard; FELDT, Robert. Group Maturity and Agility, Are They Connected? – A Survey Study. *41st Euromicro Conference on Software Engineering and Advanced Applications*, p. 1-8. IEEE, 2015.

Referências Bibliográficas

GUSTAVSSON, Tomas. Visualizing Inter-Team Coordination. *EASE'20 – Proceedings of the Evaluation and Assessment in Software Engineering*, p. 306-311, 2020.

HERZBERG, Frederick; MANSUR, Bernard; SNYDERMAN, Barbara B. *The motivation to work*. 2. ed. New York: John Willey & Sons. Inc., 1959.

HILL, Gerard M. Evolving the Project Management Office: a competency continuum. *Information Systems Management*, v. 21, n. 4, p. 45-51, 2004.

HUSSER, Philippe. *The High Impact PMO*: how agile project management offices deliver value in a complex world. USA: CreateSpace Independent Publishing Platform (CIPP), 2017.

KAHKONEN, T. Agile methods for large organizations-building communities of practice. *Agile Development Conference*. IEEE, p. 2-10, 2004.

KIM, Gene; DEBOIS, Patrick; WILLIS, John; HUMBLE, Jez. *The DevOps Handbook*: how to create world-class agility, reliability, and security in technology organizations. Portland, USA: IT Revolution Press, 2016.

KNAPP, Jake; ZERATSKY, John; KOWITZ, Braden. *Sprint*: o método usado no Google para testar e aplicar novas ideias em apenas cinco dias. São Paulo: Intrínseca, 2017.

KNIBERG, Henrik; IVARSSON, Anders. *Scaling Agile @ Spotify with Tribes, Squads, Chapters & Guilds*. out. 2012. Disponível em: https://blog.crisp.se/wp-content/uploads/2012/11/SpotifyScaling.pdf. Acesso em: 13 jul. 2019.

KRIEGER, Carla. *Contexto Conta!* Tailoring boas práticas ágeis para o negócio. 2019. Disponível em: https://www.linkedin.com/pulse/contexto-conta-tailoring-boas-práticas-ágeis-para-o-negócio-krieger/?originalSubdomain=pt

KUHRMANN, M.; DIEBOLD, P.; MÜNCH, J. *et al*. Hybrid Software and System Development in Practice: Waterfall, Scrum, and Beyond. *Proceedings of International Conference on Software System Process*. Paris, 2017.

KUMAR, Madhan K. *Principles of Lean Thinking*. 2015. Disponível em: https://www.linkedin.com/pulse/principles-lean-thinking-madhan-kumar-k/. Acesso em: 5 abr. 2021.

LALMI, Abdallah; FERNANDES, Gabriela; SOUAD, Sassi B. A conceptual hybrid project management model for construction projects. *Procedia Computer Science*, v. 181, p. 921-930, 2021.

LARMAN, Craig; VODDE, Bas. *Scaling Lean & Agile Development*: thinking and organizational tools for large-scale Scrum. New Jersey, USA: Addison-Wesley Professional, 2008.

LARMAN, Craig; VOODE, Bas. *Practices for Scaling Lean & Agile Development*: Large, Multisite, and Offshore Product Development with Large-Scale Scrum. New Jersey: Addison-Wesley Professional, 2010.

LAWRENCE, Kirk. Developing leaders in a VUCA environment. *UNC Executive Development*, v. 2013, p. 1-15, 2013.

LESS. *LeSS Framework*. [s.d.] Disponível em: https://less.works/less/framework/index.html. Acesso em: 10 abr. 2023.

LESS. *Why LeSS?* [s.d.] Disponível em: https://less.works/less/framework/why-less. Acesso em: 10 abr. 2023.

MASSARI, Vitor L. *Agile Scrum Master no gerenciamento avançado de projetos.* 2. ed. Rio de Janeiro: Brasport, 2018.

MUNIZ, Antonio; IRIGOYEN, Analia. *Jornada Ágil e Digital.* 2. ed. Rio de Janeiro: Brasport 2019.

MUNIZ, Antonio; IRIGOYEN, Analia; MAFRA, Cleiton *et al. Jornada Kanban na Prática.* Rio de Janeiro: Brasport, 2021.

MUNIZ, Antonio; SANTOS, Rodrigo; IRIGOYEN, Analia; MOUTINHO, Rodrigo. *Jornada DevOps.* Rio de Janeiro: Brasport, 2019.

OSWALD, Alfred; MULLER, Wolfram. *Management 4.0*: handbook for agile practices. Release 1.0. Germany: Books on Demand, 2017.

PICCHI, Flávio Augusto. *Contextos complexos exigem novos olhares sobre mura, muri e muda.* 2021. Disponível em: https://www.lean.org.br/artigos/1289/contextos-complexos-exigem-novos-olhares-sobre-mura-muri-e-muda.aspx. Acesso em: 2 jun. 2021.

PINK, Daniel H. *Drive*: the surprising truth about what motivates us. New York: Riverhead Books, 2011.

PINTO, Geraldo Augusto. *A organização do trabalho no século XX*: Taylorismo, Fordismo e Toyotismo. 3. ed. São Paulo: Expresso popular, 2013.

PMOGA – PMO GLOBAL ALLIANCE. *PMO Value Ring.* 2018. Disponível em: http://www.pmoga.com.

POPPENDIECK, Mary; POPPENDIECK, Tom. *Lean Software Development*: an Agile Toolkit. London: Pearson, 2003.

PRADO, Darci. *Fundamentos do Modelo Prado – MMGP.* 2010. Disponível em: https://maturityresearch.com/wp-content/uploads/2020/05/fundamentos-modelo-prado-mmgp-2.pdf. Acesso em: 28 mar. 2023.

PROJECT MANAGEMENT INSTITUTE (PMI). *A Guide to the Project Management Body of Knowledge (PMBOK Guide).* 7. ed. Newton Square: PMI, 2021.

PROJECT MANAGEMENT INSTITUTE (PMI). *Agile Practice Guide.* Newton Square: PMI, 2017.

PROJECT MANAGEMENT INSTITUTE (PMI). *Full Delivery Life Cycles.* 2020. Disponível em: http://www.pmi.org/disciplined-agile/lifecycle#ContinuousDeliveryAgile. Acesso em: 2 jun. 2021.

PROJECT MANAGEMENT INSTITUTE (PMI). *Mindset.* 2020. Disponível em: https://www.pmi.org/disciplined-agile/*mindset/mindset*-principles. Acesso em: 1 jun. 2021.

PROJECT MANAGEMENT INSTITUTE (PMI). *People first*: roles in DAD. 2020. Disponível em: https://www.pmi.org/disciplined-agile/process/introduction-to-dad/people-first-roles-in-dad-introduction. Acesso em: 17 jun. 2021.

PROJECT MANAGEMENT INSTITUTE (PMI). *Process.* 2020. Disponível em: https://www.pmi.org/disciplined-agile/process. Acesso em: 18 jun. 2021.

PROJECT MANAGEMENT INSTITUTE (PMI). *Project Management Body of Knowledge.* 7. ed. USA: PMI, 2021.

Referências Bibliográficas

PROJECT MANAGEMENT INSTITUTE (PMI). *Scaling Factors*. 2020. Disponível em: https://www.pmi.org/disciplined-agile/agility-at-scale/tactical-agility-at-scale/scaling-factors. Acesso em: 28 jun. 2021.

PWC. *The Rise of Value Management Office*. 2019. Disponível em: https://www.pwc.com/my/en/perspective/people-and-organisation/190724-the-rise-of-value-management-office.html. Acesso em: 31 jul. 2021.

REINERTSEN, Donald G. *The Principles of Product Development Flow*: Second Generation Lean Product Development. Redondo Beach, USA: Celeritas Publishing, 2014.

RIES, Eric. *A startup enxuta*: como os empreendedores atuais utilizam a inovação contínua para criar empresas extremamente bem-sucedidas. São Paulo: Leya, 2012.

RIES, Eric. *The lean startup*: htoday's entrepreneurs use continuous innovation to create radically successful businesses. Australia: Currency, 2011.

RODRIGUES JÚNIOR, José. *Liderança transformacional e maturidade na Gestão de Projetos*: o papel do patrocínio e do foco no longo prazo. Dissertação de Mestrado – Ciências – Pontifícia Universidade Católica do Rio de Janeiro (PUC-Rio). Rio de Janeiro, 2015.

RODRIGUES, Júnior. *Workshop Agile PMO*. 2018.

ROTHER, Mike; SHOOK, John. *Learning to See*: value stream mapping to add value and eliminate Muda. Portland, USA: Lean Enterprise Institute, 1999.

SCALED AGILE (SAFE). Disponível em: https://www.scaledagileframework.com/. Acesso em: 1 maio 2021.

SHIMOKAWA, Koichi; FUJIMOTO, Takahiro. *O nascimento do lean*: conversas com Taiichi Ohno, Eiji Toyoda e outras pessoas que deram forma ao modelo Toyota de gestão. Porto Alegre: Grupo A/Artmed, 2011.

SCHWAB, Klaus. *The Fourth Industrial Revolution*. New York: Crown Business, 2017.

SCHWABER, Ken. *Agile Project Management with Scrum*. 1. ed. USA: Microsoft Press, 2004.

SCHWABER, Ken; SUTHERLAND, Jeff. *The 2020 Scrum Guide*. 2020. Disponível em: https://scrumguides.org/docs/scrumguide/v2020/2020-Scrum-Guide-US.pdf. Acesso em: 28 mar. 2023.

SCHWABER, Ken; SUTHERLAND, Jeff. *The Scrum Guide*. Scrum Alliance, 2011.

SCHWABER, Ken; SUTHERLAND, Jeff. *The Scrum Guide*. Scrum Alliance, 2020.

SCHWABER, Ken; SUTHERLAND, Jeff. *The Scrum@Scale Guide Version 2.1*. jan. 2021.

SENGE, Peter M. *The fifth discipline fieldbook*: strategies and tools for building a learning organization. Australia: Currency, 2014.

SHALLOWAY, A. *The Most Compelling Reasons for Using the Minimum Business Increment*. 2020. Disponível em: https://www.projectmanagement.com/blog-post/63802/The-Most-Compelling-Reasons-for-Using-the-Minimum-Business-Increment. Acesso em: 26 ago. 2020.

Gestão Híbrida de Projetos | Casos Práticos em Diferentes Contextos e Cenários

SOFTWARE ENGINEERING INSTITUTE (SEI). *CMMI para Desenvolvimento*. Versão 1.3. Pennsylvania, USA: Carnegie Mellon University, 2010.

SUTHERLAND, Jeff. *Inventing and Reinventing Scrum in five Companies*. 2001. Disponível em: https://www.researchgate.net/publication/238252809_Inventing_and_Reinventing_SCRUM_in_Five_Companies. Acesso em: 28 mar. 2023.

TAPSCOTT, Don. *Economia Digital*: promessas e perigos na Era da Inteligência nas redes. São Paulo: Makron Books, 1997.

VENKATESH, Dasari; RAKHRA, Manik. *Agile adoption issues in large scale organizations*: a review. Materials Today: Proceedings, 2020.

VINODH, S.; RUBEN, R. Ben. *Lean Manufacturing*: recent trends, research & development, and education perspectives. jan. 2015. Disponível em: https://link.springer.com/chapter/10.1007/978-3-319-17825-7_1. Acesso em: 5 abr. 2021.

WEBB, Amy. *The Big Nine*: how the Tech Titans and their Thinking Machines could warp humanity. New York: PublicAffairs, 2019.

WILDT, Daniel; MOURA, Dionatan; LACERDA, Guilherme; HELM, Rafael. *Extreme Programming*: práticas para o dia a dia no desenvolvimento ágil de *software*. São Paulo: Casa do Código, 2015.

WOMACK, James P.; JONES, Daniel T. *Lean Thinking*: banish waste and create wealth in your corporation. USA: Free Press, 2003.

ÍNDICE ALFABÉTICO

A
Abordagem(ns)
  Ágeis, 9
  DevOps, 27
  híbrida, 135, 137
Adaptabilidade, 90
Adaptação para uma gestão híbrida, 89
Aderência da equipe ao contexto, 91
Adiar o compromisso, 38
Agile Release Train (ART), 51
Agilidade, 5, 80
  nos Negócios (*Business Agility*), 52
  organizacional, 126
  valores, princípios e cultura e da adaptação na, 67
Ambientes iguais ou semelhantes ao de produção, 29
Aprendizado, 30
  com falhas, 30
  divulgar e compartilhar, 30

Arquitetura confirmada, 77

Automação como foco no atendimento, 111

Autonomia, 89

B

Backlog

de produto único, 116

do produto (PBR), 57, 149

com o escopo fixo, 100

geral, 57

para o programa, 137

Business Agility, 52

C

Cadência(s), 22

comum, 118

Cerimônias, 103

Certificação do produto e automação por equipes separadas, 119

Chefe dos *Product Owner*, 48

Ciclo(s)

conectando os, 48

de vida

do *Disciplined Agile®*, 77

preditivo e adaptativo, 111

dos *Product Owners*, 47

dos Scrum *Masters*, 46

Classe(s)

de prazo fixo, 24

de serviços, 24

padrão, 24

prioritária, 24

urgente, 24

Cliente encantado, 78

Clientecentrismo, 4

Código e configurações, 29

Comitê de gestão do projeto, 159

Compliance, 112

Compromissos, 71

Comunicação, 15, 149, 151

Índice Alfabético

Comunidade de prática, 103, 119
Conceitos do Lean em serviços e na tecnologia, 36
Construir com qualidade, 37
Controle de processo empírico, 56
Coordenação, 57
  das interfaces das equipes, 133
Coragem, 16
Corda de Andon, 30
Crescimento em escala, 43
Cultura
  justa, 30
  organizacional, 149

D

Daily Meeting (Stand-up meeting), 151, 152, 160
Daily Scrum, 13
  escalada, 45
Desperdícios, 36
Diagrama de Fluxo Cumulativo, 22, 23
Dias de jogos, 31
Diretrizes, 71
Disciplined Agile®, 67, 70, 133
  ciclos de vida, 77
  Delivery (DAD), 75
  Enterprise (DAE), 75
  estrutura do, 73
Domínio de desempenho, 85

E

Entrega
  de benefícios, 126
  de valor, 49
  rápida, 39
Escala do ágil LeSS, 55
Escalamento do ágil, 80
Essential, 52
Estimativa(s), 151
  análoga, 149
  de prazo e custos da gestão preditiva e a cadência variável, 101

Estratégia de gestão híbrida, 99, 107

Estrutura do LeSS, 55, 56

Execução, 124

  empoderada, 126

Executive Action Team, 46

Executive MetaScrum, 48

Extreme Programming (XP), 15

F

Fatores

  de escala, 76

  de seleção, 76

Feedback(s), 16

  de produto e versão, 49

  rápido, 29

Ferramentas, 34

Fluxo, 28, 29

  de valor (*Value Stream*), 52

  do Kanban, 20

Foco

  no cliente, 56

  no produto, 56

  organizacional, 126

Framework, 13, 52

Full, 52

Funcionalidade suficiente, 78

G

Gargalo, 23

Gerência de riscos e custos, 150

Gestão

  1.0 (*Management 1.0*), 3

  2.0 (*Management 2.0*), 4

  3.0 (*Management 3.0*), 4

  4.0 (*Management 4.0*), 4

  ágil, 9, 113

  de mudança, 151

  de portfólios, 112, 126

  de projetos (metas e métricas), 150

do fluxo, 22
híbrida, 63, 116, 148
    estratégia de, 99, 107
    principais conceitos de, 61
preditiva, 102, 113
Governança, 159
Governo, 131
Guia
    FLEKS, 135
    PMBOK® – 7ª edição, 83

H
Heterogeneidade, 133
Histórico da gestão, 1, 3

I
Indicadores automatizados, 112
Índice de defeito, 23
Infraestrutura, 29
    como código, 29
Innovation and Planning (IP), 53
Inspeção, 124
Inspect and Adapt (I&A), 53
Instituição bancária preditiva, 113
Integração e entrega contínua, 151
Ir ao Gemba, 30

J
Jornada Lean, 34

K
Kaizen, 19
Kanban, 19, 34, 151
    fluxo do, 20

L
Large Solution, 52
Lead Time, 20, 21
Lean, 33
    fora do chão de fábrica, 35

M
Mais com menos, 56

Manifesto Ágil e Scrum, 11
Marketing, 160
Matriz de comunicação, 151
Melhoria contínua, 25, 29, 56
Métricas, 49
Mindset, 67
   ágil, 68, 73, 121
   fixo, 68
Modelo *Agile Management Office*, 123

O

Origem da agilidade, 6
Otimizar o todo, 41

P

Padrão para gestão de projetos, 85
Parte técnica do serviço/produto, 159
Pensamento
   Lean, 24, 56
   sistêmico, 56
Perda, 36
Planejamento
   adaptativo, 126
   da *Sprint*, 57
   das entregas, 49
   do projeto, 151
   em duas camadas, 118
Poder de escolha, 76
Políticas e regras de fluxo, 21
Portfólio, 52
Princípio(s)
   das Três Maneiras, 28
   de gerenciamento de projetos, 84
   do Lean, 30
Problemas na capacidade de entrega, 23
Processo(s), 160
   de *tailoring*, 87
Product Increment Planning (PI Planning), 53
Produtividade, 49

Índice Alfabético

Programa Amazônia Conectada, 136, 140
Project Management Office (PMO), 87
   Ágil, 122
   de alto impacto, 122
Promover/criar conhecimento, 38
Pronto para produção, 78

Q
Qualidade, 50
Quantidade de itens na fila, 23

R
Refinamento de *Backlog*
   do Produto (PBR), 57
   Geral, 57
Registro de riscos, 149
Relação entre *Disciplined Agile®* e *mindset* ágil, 70
Respeitar pessoas, 40
Retrospectivas, 103
Reunião
   de revisão da iteração, 137
   diária, 57
   post mortem, 31
Revisão
   da iteração, 118
   da *Sprint*, 57
   do código, 30

S
Scaled Agile Framework, 51
Scrum, 55, 151
   com LeSS, 57
   de Scrums, 43, 44
   de Scrums *Master*, 46
Scrumban, 25
Serviços, 143
Setup, 124
Simplicidade, 15, 55
Sistema puxado, 20
Sprint, 13

Stakeholders, 77
Story Writer, 100
Subcontratação de serviços de desenvolvimento, 119
Sustentabilidade, 50
T
Tecnologia, 93
Telecom, 127
Telemetria, 29
Tempo
  de ciclo, 20, 21
  médio de ciclo, 23
Teoria de filas, 56
Time
  de gerenciamento, 140
  de integração, 140
  de *Product Owner*, 47
Trabalho(s)
  em andamento, 29
  manuais e repetitivos, 29
  visível, 29
Transparência, 49, 55
Três Ms, 34
V
Value
  Delivery Office (VDO), 87, 123
  Management Office, 123
  Stream, 126
    Mapping, 126
Vendas, 160
Viabilidade contínua, 77
Visão de longo prazo, 126
W
WIP, 20